RICHTIG
GUT ESSEN

Harald Huber
im Fischerwirt

RICHTIG
GUT ESSEN

GRUSS
AUS DER KÜCHE

LIEBE LESERIN, LIEBER LESER,
LIEBE GÄSTE!

Im Laufe der Jahre entstehen viele Träume. Manche werden Wirklichkeit, andere bleiben vage Erinnerungen an das, was vielleicht hätte sein können. Einer dieser Träume ist schon lange ein treuer Begleiter – die Idee, ein Kochbuch zu schreiben und unsere Leidenschaft für gutes Essen mit Ihnen zu teilen. Nun ist dieser lang gehegte Wunsch in Erfüllung gegangen, und wir halten das Ergebnis mit unendlich viel Stolz und Freude in unseren Händen.

Der Wunsch nach einem eigenen Kochbuch wurde genährt durch gesammelte Erfahrungen, vielfältige Geschmäcker und unzählige Momente, die nur durch Zeit und Hingabe ihre wahre Bedeutung entfalten.

Nach Jahrzehnten des Entdeckens, Verfeinerns und Kochens möchten wir nun unsere kulinarischen Geheimnisse an Sie weitergeben. Dieses Buch vereint Klassiker, die wir im Laufe der Zeit immer wieder optimiert haben, und beliebte Highlights aus unserer Küche. Dabei war es uns besonders wichtig, die Rezepte so aufzubereiten, dass sie auch nachkochbar sind und in Ihnen die Lust erwecken, sie tatsächlich selbst zuzubereiten. Mit einem klaren Fokus darauf, die Freude am Kochen in die heimischen Küchen zu bringen, haben wir viele Rezepte mit nützlichen Tipps und Anmerkungen versehen. Diese beantworten häufige Fragen, die während der Zubereitung aufkommen können, schon vorab.

Übrigens: Die Auswahl der Rezepte wurde nicht zufällig getroffen. Wir haben jene Gerichte ausgewählt, die bei uns im *Fischerwirt* am häufigsten und mit der größten Begeisterung bestellt werden. So gesehen haben unsere Gäste – vielleicht auch Sie – maßgeblich mitbestimmt, welche Gerichte in diesem Buch zu finden sind.

Das erste Kochbuch von uns für Sie – wir wünschen Ihnen viel Freude beim Nachkochen und Genießen!

Herzlichst
Harald & Andrea Huber

INHALT

VON ESSIGWURST UND GÄNSELEBER

**HARALD HUBERS
KULINARISCHE LEBENSREISE**

Dass die Dinge so kommen, wie sie kommen, ist oftmals ein Segen. Denn hätte Harald Huber seinen Kindheitstraum wahr gemacht, wäre er jetzt Pfarrer und nicht Koch. »Als zwölfjähriger Bub«, erinnert er sich, »war das mein Plan.« Aufgewachsen in Henndorf am Wallersee, inmitten einer Salzburger Familie, in der Werte und Zusammenhalt über allem standen, war der Pfarrer der Gemeinde nämlich so etwas wie ein Held. »Der hatte sein eigenes Häuschen, ein kleines Auto und war überall beliebt.« Die goldenen Pickerl, die es für brave Kirchenbesucher gegeben hat, waren dann noch das Tüpfelchen auf dem i.

Dass es dennoch anders kam, daran waren zwei Personen aus dem engeren Umkreis schuld: zum einen die Oma, einst Wirtschafterin beim *Friesacher* in Salzburg, zum anderen Kurt Feichtenschlager, Pächter des *Weiserhofs* in Salzburg, den Harald »Onkel« nannte, auch wenn er kein Verwandter war, sondern ein Freund der Familie. »Bei denen hab ich das erste Mal hineingeschnuppert und mitgeholfen, weil es ja immer was zu tun gegeben hat.« Derweil schwärmte ihm der Onkel von den Möglichkeiten vor, die man als Koch hätte – die Arbeit auf dem Schiff, die Chance, in diesem Beruf die große weite Welt zu entdecken. »Das hat mich fasziniert.«

Braten statt beten: Als Kind wollte Harald Huber Pfarrer werden,
heute ist er Koch durch und durch.

Große kulinarische Würfe hat es damals, als Harald vierzehn Jahre alt war, freilich noch nicht gegeben. An ein Gericht denkt er, geboren 1974, aber trotzdem gerne zurück, weil es eine Kindheitserinnerung ist: »Das war eine Essigwurst mit Tomaten, roten Zwiebeln und Speckknacker. Praktisch, sättigend und schnell gemacht – die haben mein Bruder und ich im Sommer immer nach der Schule mit ins Schwimmbad genommen.«

Harald absolvierte das Polytechnikum und startete alsbald erst mit einer Schnupperlehre, dann mit einer Lehre im Hotel *Hubertushof*. Das war Ende 1989 und nicht das, was man im Allgemeinen einen Spaziergang nennt. »Das war eine andere Zeit«, erinnert sich Harald, »sehr hart. Die Hierarchien waren strikt, die Arbeitszeiten lang. Ich war jung, sensibel und hab am Anfang starkes Heimweh gehabt. Nach einer Woche bin ich sogar abgehaut, mitten in der Nacht zum Bahnhof. Erst meine Mutter hat mich überzeugt, durchzuhalten.«

Und das war gut so. Denn nach einigen weiteren Stationen, wie dem *Schwabenwirt* in Thalgau oder den *K+K Hotels* sowie Saisonarbeiten in Galtür, am Nassfeld und in Ischgl, leitete eine Zeitungsannonce den wohl wichtigsten Schritt seiner Karriere ein: 1995 suchte Klaus Fleischhaker Verstärkung in der Küche seines Restaurants *Pfefferschiff* in Söllheim. Fleischhaker, damals schon mit drei Gault&Millau-Hauben dekoriert, als das Maximum noch vier waren, galt landesweit als einer der Größten – und Harald war schnell klar, was er wollte: dorthin! »Das war«, sinniert Harald, »mit Sicherheit die wichtigste Station in meinem Berufsleben. Dort habe ich alles gelernt: die Techniken, den Umgang mit Zutaten, die Bedeutung von Qualität. Er hat mir beigebracht, was es heißt, auf höchstem Niveau zu kochen.«

Viele der Rezepte von damals hat Huber noch heute im Repertoire, wie etwa die Topfenknödel. Zum ehemaligen Chef verbindet ihn längst eine tiefe Freundschaft, die auch die gemeinsame Zeit am Herd überdauert hat. Trotzdem wuchs langsam, aber bestimmt der Wunsch, etwas Eigenes zu schaffen. Einen eigenen Betrieb zu führen, sein eigener Chef zu sein. 2002 wagte er den Sprung, damals noch mit seiner ersten Ehefrau, und übernahm ein kleines Gasthaus in der Nähe von *Gut Aiderbichl*. »Wir haben auch schnell Erfolg gehabt – und gleich im ersten Jahr eine Haube bekommen.«

Bis 2009 war er in dem kleinen, feinen Wirtshaus der Chef. Dann kam die Trennung von Betrieb und Ehefrau, und er kehrte zurück in den *Hubertushof*, wo er seine Andrea kennenlernte. Ein Jahr waren sie zusammen dort – genug Zeit, um den nächsten Schritt in die gemeinsame Selbstständigkeit zu beschließen. Sie übernahmen das *Gwandhaus* in Salzburg, bevor 2013 der *Fischerwirt* ihr neues Zuhause wurde.

»Der Vermieter hat uns unterstützt und alles renoviert – nach unseren Wünschen.« Heute ist der *Fischerwirt* so, wie Andrea und Harald ihn sich erträumt haben – mit 45 Sitzplätzen im Innenbereich und 60 im Garten. Und einer Karte, die alles beinhaltet, was die Hubers so lieben: österreichische Tradition und französische Perfektion. »Gänseleber, Hummersuppe und alles mit Butter verfeinert – Frankreich hat das Kochen auf ein göttliches Niveau gehoben«, schwärmt Huber, wenn er über seinen präferierten Küchenstil spricht. Doch die Faszination für Frankreich hat ihre Wurzeln nicht nur im *Pfefferschiff.*

Schon früher inspirierte ihn der Vater seiner Jugendliebe, ein Verehrer der französischen Cuisine, der regelmäßig kulinarische Einblicke aus Paris und Burgund mitbrachte. Harald

Harald Huber hat sich mit dem *Fischerwirt* einen Traum erfüllt:
»Alles ist so, wie Andrea und ich es uns gewünscht haben.
Auf unserer Karte vereinen wir französische Raffinesse mit
österreichischer Bodenständigkeit.«

erinnert sich an Sonntagnachmittage, an denen er gebannt vor dem Fernseher saß und die Shows von Paul Bocuse und Heinz Winkler verfolgte. »Die Kupfertöpfe, das Glänzen, die Opulenz dieser Küche – ich war wie verzaubert. So wollte ich auch kochen.«

Inspirationen für neue Gerichte nehmen die Hubers von Reisen mit, die sie vor allem nach Frankreich führen, besonders ins Elsass und das Jura. »Weil die Küche dort bodenständig ist und doch raffiniert – genau das lieben wir. Wir wollen nicht nur satt werden, sondern Geschmack erleben und neue Kombinationen ausprobieren.« Gleichzeitig bleibt er sich und seinen Salzburger Wurzeln treu. »Es gibt keine Experimente um ihrer selbst willen. Unsere Küche ist klar und fokussiert«, sagt Harald. »Alles, was wir machen, soll authentisch sein und nicht in irgendeine Mode verfallen. Wir kochen bodenständig, aber mit Raffinesse.«

Auch die Weinauswahl folgt dieser Philosophie. Anfänglich setzte man fast ausschließlich auf österreichische Winzer, mittlerweile hat die Weinkarte jedoch eine französische Note bekommen – ein Tribut an die Leidenschaft. Die braucht auch keine große Bühne, sagt Huber, da reicht das Herzensprojekt *Fischerwirt*. Huber: »Wir wollen kein großes Imperium aufbauen, sondern unseren Gästen hier in Liefering ein Stück kulinarisches Zuhause bieten.« Einen Ort, an dem man sich willkommen fühlt, wo Tradition gelebt und Neues geschätzt wird.

Gerade die Liebe zum Detail ist wichtig, damit sich die Gäste
rundherum wohlfühlen und in gemütlicher Atmosphäre kulinarisch
verwöhnen lassen können.

GASTGEBERIN
AUS LEIDENSCHAFT

ANDREA HUBER ÜBER DIE HOHE KUNST, GÄSTEN
EIN UNVERGESSLICHES ERLEBNIS ZU SCHENKEN

Es gibt Dinge im Leben, die kann man nicht lernen, vielmehr liegen sie einem im Blut. Wie bei Andrea Huber die Rolle der Gastgeberin. Begonnen hat alles in der Sandkiste, da konnte sie noch kaum laufen, aber schon Sand in vorbereitete Gugelhupfformen packen. »Die habe ich dann auf einen Plastikteller gestürzt und jedem, der gerade auf unserem Bauernhof war, serviert.«

Für Klein Andrea war schon damals klar, was sie werden wollte. Eine Wirtin. Eine gute Gastgeberin. Denn nicht nur feines Essen ist in einem Restaurant oder Wirtshaus essenziell – ein enorm wichtiger Beitrag ist auch das feine Gespür, das Geschehen zu lenken, ohne sich selbst in den Vordergrund zu stellen.

Was für ihren professionellen Betrieb gilt, ist freilich auch daheim in den eigenen vier Wänden umsetzbar. Hier teilt Andrea ihre besten Tipps für einen gelungenen Abend – und verrät Details, die den Unterschied ausmachen.

1.
DIE KUNST DER BEGRÜSSUNG:
EIN HERZLICHES WILLKOMMEN

Der Moment, wenn der Gast zur Tür hereinkommt, entscheidet oft schon über die Stimmung des gesamten Abends. Ein freundliches »Willkommen«, ein Lächeln und ein kleines persönliches Wort – all das schafft schnell eine Bindung.

Als Gastgeber sollte man seine Gäste lesen können. Schon an der Art, wie jemand den Raum betritt, ist zu erkennen, ob der Abend entspannt oder herausfordernd wird, ob der Gast einen anstrengenden Tag hatte oder nicht. Statt starr am geplanten Ablauf festzuhalten, sollte man als Gastgeber mit Aufmerksamkeit reagieren – und jedem Gast das Gefühl geben, dass er im Mittelpunkt steht.

2.
EIN STIMMUNGSVOLLES
TISCHSETTING

Weniger ist mehr! Bei uns im Restaurant gibt es champagnerfarbene Tischdecken und klassisches Silberbesteck, gepflegt wird ein französischer Stil, bei dem Liebe zum Detail und eine gewisse Zurückhaltung im Vordergrund stehen – und so halten wir es auch bei privaten Einladungen. Im Gegensatz zu modernen Minimal-Trends, bei denen oft auf Tischwäsche verzichtet wird, bevorzuge ich klassische Elemente wie eine einzelne Blume auf dem Tisch und eine festliche Atmosphäre. Die Gäste sollen das Gefühl haben, angekommen zu sein, ohne dass

»Ein stimmungsvolles Tischsetting ist essenziell – ob im professionellen
Betrieb oder beim Empfang von Gästen zu Hause.«

ANDREA HUBER

>»Jedes Weinglas kommt erst dann auf den Tisch,
wenn der Gast sich entschieden hat, was er trinken möchte.«

ANDREA HUBER

es zu viel Chichi gibt. Apropos Blumen: Wichtig ist, dass sie echt sind. Auf üppige Gestecke, bei denen man das Gegenüber nicht mehr sieht, sollte bei der Tischdekoration jedoch verzichtet werden.

3.
BEQUEMLICHKEIT
AN ERSTER STELLE

Ein guter Gastgeber sorgt für das Wohlbefinden seiner Gäste. Eine ganz wichtige Komponente sind dabei Sessel, die nicht nur schön aussehen, sondern auch bequem sind – am besten auch mit Armlehnen. Deshalb ist es ratsam, sie vorab zu testen. Denn nichts ist ungastlicher als ein ungemütlicher Stuhl. Das Schönste für den Gastgeber ist doch, wenn die Gäste sich wohlfühlen und gerne länger bleiben. Behaglichkeit ist das A und O! Schließlich entscheidet im Idealfall der Gast, wann der Abend vorbei ist – und nicht der Gastgeber.

4.
BEREITEN SIE ALLES GUT VOR

Wer Gäste erwartet, sollte sich rechtzeitig darum kümmern, dass der Bestand an Gläsern und Geschirr mit dem Menü harmoniert. Prüfen Sie das Geschirr auf Schäden und schauen Sie, ob Sie auch für die Weine, die

gereicht werden sollen, die passende Anzahl von Gläsern zu Hause haben. Polieren Sie Ihre Gläsersets auch nochmals vorab – Gläser mit Kalkflecken auf einem hübsch gedeckten Tisch sind sehr unschön. Achten Sie auch darauf, dass die Weine, die Sie zu den unterschiedlichen Gängen reichen möchten, richtig gelagert und ausreichend vorhanden sind.

5.
INDIVIDUELLE GLÄSERWAHL

Bei uns wird kein Tisch mit einer Vielzahl von Gläsern eingedeckt – weder daheim noch im Restaurant. Ganz im Gegenteil: Wir stellen nur ein Wasserglas und ein Vorspeisenbesteck bereit. Jedes Weinglas kommt erst dann auf den Tisch, wenn der Gast entschieden hat, was er trinken möchte. Diese Methode bewahrt die Individualität des Moments und ermöglicht es, das passende Glas für jedes Getränk zur Verfügung zu stellen. Denn: Wenn ein Gast lieber Bier oder Spritzer möchte, sind wir darauf genauso vorbereitet. Ein Gastgeber sollte flexibel und aufmerksam sein – nichts muss, aber alles kann. Wenn Sie so gar nicht auf ein Weinglas bei der Tischdekoration verzichten möchten, empfehle ich ein hochwertiges Universalglas, das für Champagner, Weißwein und leichte Rotweine passend ist.

6.
FLEXIBLES MENÜ UND
LOCKERER PLATTENSERVICE

Privat halte ich es gerne unkompliziert. Wenn ich zu Hause Gäste habe, stelle ich die Platten mit den Speisen gern in die Mitte, und jeder bedient sich selbst. Das schafft eine lockere Atmosphäre, bei der ich viel bei meinen Freunden bin und nicht ständig in die Küche verschwinden muss. Deshalb werden für eine Einladung daheim gerne Gerichte gewählt, die man gut teilen kann – beispielsweise Schmorgerichte oder saisonale Spezialitäten, die sich im Handumdrehen auf Platten servieren lassen. Das macht den Abend entspannter und nimmt den Gästen die Hemmung.

7.
DER RICHTIGE MIX AN GÄSTEN

Nichts ist schlimmer als ein Abend, an dem bei Tisch so gar kein Gespräch in Gang kommt. Deshalb sollte man die Gäste, die man gemeinsam einlädt, sorgfältig auswählen. Prinzipiell ist es sinnvoll, Gäste einzuladen, die zumindest einen weiteren Gast der Runde bereits kennen und auch die gleichen Interessen, Berufe etc. haben.

8.
GASTGESCHENKE UND
MITBRINGSEL

Mit schönen Blumen macht man nie etwas falsch – solange sie nicht in Plastik verpackt sind. Ich persönlich bringe als Gast gern etwas Persönliches mit, aber auch da sollte man sich vorab gut überlegen, was es ist. Selbst gemachte Pralinen machen jemandem, der nichts Süßes isst, vermutlich keine Freude. Und ein Brandy Personen, die nichts Hochprozentiges mögen, vermutlich ebenso wenig. Beschäftigen Sie sich besser vorher mit den Vorlieben der Gastgeber, um dann in puncto Mitbringsel auch goldrichtig zu liegen.

Eine gute Vorbereitung ist wichtig für eine stimmungsvolle und lockere Atmosphäre. Alles sollte aufeinander abgestimmt, die Tischdeko dezent sein. Das Wohlbefinden der Gäste steht an erster Stelle.

»Die Gäste sollen das Gefühl haben, angekommen zu sein.«

ANDREA HUBER

»Qualität und Frische der Zutaten sind entscheidend
für den feinen Geschmack der Gerichte.«

HARALD HUBER

VOM PROFI – FÜR SIE

WERTVOLLE KÜCHENTIPPS VON HARALD HUBER

Als wir begonnen haben, an diesem Kochbuch zu arbeiten, stand ein Wunsch an oberster Stelle: Alle Rezepte sollen möglichst einfach nachzukochen sein und den Geschmack unserer Küche in Ihre vier Wände bringen. Deshalb war es uns wichtig, viele Rezepte auch mit Tipps und Anmerkungen zu versehen, damit keine Fragen offenbleiben, die im Rahmen der Zubereitung auftauchen können.

Ebenso war es uns ein Anliegen, Ihnen zu zeigen, wie man Speisen schön anrichtet – wobei das eher eine Empfehlung ist als ein Muss, denn jeder Koch sollte seine Individualität wahren.

SAISONAL UND REGIONAL

Doch nicht nur die Optik zählt, sondern vor allem die Qualität der Zutaten: Kochen Sie also mit dem, was gerade Saison hat. Saisonale Produkte sind nicht nur frischer und geschmacksintensiver, sie sind auch nachhaltiger und oft günstiger. Wer im Frühling zu Spargel, im Herbst zu Kürbis oder im Winter zu Wurzelgemüse greift, holt das Beste aus der Natur und aus seinem Gericht heraus.

DIE RICHTIGE AUFBEWAHRUNG

Manchmal enthalten unsere Rezepte Zutaten, die in größeren Mengen zubereitet werden, als für ein einzelnes Gericht nötig ist – und das aus gutem Grund. Zum Beispiel lassen sich Fonds, Saucen oder Beilagen wunderbar aufbewahren und für andere Gerichte wiederverwenden.

Damit Sie lange Freude an Ihren Vorräten haben, ist die richtige Aufbewahrung entscheidend. Denn nur so bleibt die Qualität erhalten, und Sie können auch an stressigen Tagen auf hochwertige Zutaten zurückgreifen.

IM KÜHLSCHRANK

Frische Produkte wie Gemüse, Kräuter und gekochte Speisen sollten in gut verschlossenen Behältern oder mit Folie abgedeckt im Kühlschrank gelagert werden.

- *Gekochte Saucen oder Suppen* halten sich bei 4 bis 6 °C etwa zwei bis drei Tage.
- *Frisch geschnittenes Gemüse* wie Karotten oder Sellerie bleibt in einer mit Wasser gefüllten Dose vier bis fünf Tage knackig.

- *Kräuter* lassen sich in ein Glas mit Wasser stellen, ähnlich wie ein Blumenstrauß, und halten so bis zu eine Woche. Alternativ können sie in feuchtes Küchenpapier eingewickelt werden.

IM TIEFKÜHLSCHRANK

Für eine längere Haltbarkeit können Fonds, Saucen oder vorgekochte Gerichte eingefroren werden.

- *Fonds und klare Suppen* frieren Sie am besten in kleinen Portionen ein – zum Beispiel in Eiswürfelbehältern. So können Sie genau die Menge auftauen, die Sie benötigen. Sie sind so bis zu sechs Monate haltbar.
- *Blanchiertes Gemüse* bleibt bei –18 °C etwa acht bis zwölf Monate frisch.
- *Kräuter* können gehackt und mit etwas Wasser oder Öl in Eiswürfelformen eingefroren werden – ideal zum Würzen von Suppen und Saucen.

IN STERILISIERTEN GLÄSERN

Lebensmittel können auch durch Einwecken oder Einkochen konserviert werden.

- *Chutneys, Marmeladen oder Saucen* sind in sterilisierten Gläsern ungeöffnet bis zu ein Jahr haltbar. Achten Sie bitte darauf, die Gläser vor dem Befüllen gründlich auszukochen und anschließend luftdicht zu verschließen.
- *Eingemachtes Gemüse* wie Gurken oder Karotten bleibt je nach Rezept und Lagerung bis zu zwölf Monate haltbar.

EIN ZUSÄTZLICHER TIPP

Beschriften Sie alle Behälter oder Gläser mit dem Datum der Zubereitung. So behalten Sie den Überblick und verwenden Ihre Vorräte rechtzeitig.

Unser Ziel ist es, Ihnen in diesem Buch nicht nur gute Rezepte, sondern auch das richtige Handwerkszeug mitzugeben. Damit Kochen nicht zur lästigen Pflicht wird, sondern zur Freude am Genuss.

HINWEISE ZU DEN REZEPTEN

- Sofern nicht anders angegeben, ist jedes der Rezepte für *vier Personen* gedacht.
- *Lesen Sie jedes Rezept* vor der Zubereitung aufmerksam durch. Tun Sie das nicht, laufen Sie Gefahr, dass Ihnen mittendrin eine Zutat fehlt beziehungsweise dass Sie einen Schritt übersehen und während des Kochens ins Strudeln geraten. Kochen muss Freude machen – und das tut es nur, wenn Sie Chaos in der Küche vermeiden.
- Wir verzichten bewusst auf die Angabe der *Zubereitungszeit,* da diese meist individuell ist. Sie selbst wissen am besten, wie lange Sie für welchen Schritt brauchen – und ob es ratsam ist, bei noch nie erprobten Rezepten etwas mehr Zeit einzuplanen.
- Kaufen Sie sorgsam ein – am besten Produkte, bei denen Sie auch wissen, woher sie kommen. Ob am Markt, beim Bauern Ihres Vertrauens oder direkt beim Jäger – der *Geschmack biologischer Lebensmittel* ist mit klassischer Supermarktware nicht zu vergleichen.
- Alle *Kräuter,* die wir in unserer Küche verwenden, sind frisch. Sollten Sie keine frischen Kräuter zur Hand haben und getrocknete verwenden müssen,

> »Unser Ziel ist es, Ihnen in diesem Buch nicht nur gute Rezepte,
> sondern auch das richtige Handwerkszeug mitzugeben.«

HARALD HUBER

reduzieren Sie die Menge – denn getrocknete Kräuter haben ein intensiveres Aroma.
- Wenn in diesem Kochbuch von Eiern die Rede ist, sind jene in _Größe L_ gemeint.
- Eine Frage, die sich auch oft stellt, ist die nach der Hitze im Backofen. Hier ist die Basis – sofern nicht anders angegeben – immer _Ober- und Unterhitze_.

Wir haben in diesem Kochbuch bewusst auf Rezepte verzichtet, die nach kostspieligen Küchengeräten verlangen. Sollten Sie aber die gleiche Leidenschaft für Eis haben wie wir, empfiehlt es sich, in eine Eismaschine zu investieren – weil manche Eissorten nur damit hergestellt werden können. Ansonsten sind _folgende Utensilien unabkömmlich in einer Küche:_

- _Ein großes Universalmesser,_ das gut in der Hand liegt und sich für Fleisch, Gemüse und Kräuter eignet. Achten Sie darauf, dass das Messer zu Ihnen passt, die richtige Wahl ist immer individuell – »One size fits all« gibt es nicht! Zusätzlich sollten Sie auch ein _kleines Gemüsemesser_ für filigrane Arbeiten wie Schneiden und Schälen kleiner Zutaten daheim haben. Auch wichtig: ein Abzieher für die Pflege der Messer. Machen Sie nach jedem Gebrauch zwei bis drei Züge, um die Klinge scharf zu halten und die Lebensdauer zu verlängern.
- Auch _gute Schneidbretter_ sind unverzichtbar – sie sollten stabil sein und nicht wackeln, besser zu groß als zu klein. Wir verwenden Bretter aus Hartplastik, weil sie praktisch und hygienisch sind. Besonders nützlich sind Systeme mit austauschbaren Auflagen – ideal, um Fleisch und Gemüse sauber voneinander zu trennen.
- Egal ob Käse, Muskat oder Zitrusfrüchte – eine _Microplane-Reibe_ gehört in jede Küche! Aber auch sie hält nicht ewig – und scharfe Klingen machen

einen großen Unterschied. Deshalb sollte die Reibe alle zwei bis drei Jahre getauscht werden. Trüffel-Liebhaber sollten in einen hochwertigen Trüffelhobel investieren.
- Die Wahl der Töpfe und Pfannen hängt freilich auch vom Herd ab – ob Gas, Induktion oder Elektro. Investieren Sie jedenfalls in _Töpfe mit Sandwichboden._ Diese halten die Wärme besser und sparen Energie. In puncto Pfannen sind solche aus Teflon ideal für Speisen, die nicht anbrennen dürfen, wie Rösti oder Eierspeisen. _Edelstahlpfannen_ sind perfekt für das scharfe Anbraten bei hoher Hitze, etwa von Fleisch oder Gemüse. Hochwertige Marken sind langlebig, und die Investition in sie lohnt sich langfristig.
- Auch ein _Spitzsieb_ sollte in jeder Küche vorhanden sein. Es erleichtert das Passieren von Saucen und Suppen und sorgt für besonders feine Ergebnisse. Mit wenig Kraftaufwand können Sie nahezu alles durch ein Spitzsieb drücken.
- Ein _guter Mixer_ ist ein echtes Multitalent: Stabmixer mit Aufsätzen eignen sich zum Pürieren von Suppen, für schaumige Saucen oder feine Cremes. Ein Standmixer ist perfekt für größere Mengen wie Smoothies, Pestos oder Suppen.
- Auch nicht fehlen darf ein _Thermometer_ – nicht nur für Braten, sondern auch zur Temperaturkontrolle von Schokolade und Zucker oder beim Herausbacken von Schnitzel und Backhendl.

Haben wir Ihre Lust geweckt? Dann geht's los! Ein Stichwortregister finden Sie übrigens im hinteren Teil des Buchs. Es ist sowohl nach Rezeptnamen (S. 244) als auch nach Zutaten (S. 246) geordnet. Gutes Gelingen!

VOR

SPEISEN

ROTE RÜBEN, KOPFSALAT, WALNÜSSE

FÜR DIE MARINIERTEN ROTEN RÜBEN

400 g Rote Rüben, gekocht und geschält
100 ml dunkler Balsamico
100 ml Apfelsaft
1 Sternanis
1 Lorbeerblatt
3 Wacholderbeeren
½ TL Kümmelsamen
Salz
Pfeffer
etwas Zucker

FÜR DIE SALATCREME

240 g blanchierter und ausgedrückter
    gemischter Salat nach Wahl, z. B. Häuptel,
    Lollo Rosso, Frisée, Trevisano
40 g Walnusskerne
2 EL Xanthan-Base (125 g Wasser,
    mit 2 g Xanthan gemixt)
Salz
Pfeffer
etwas Tabascosauce
200 ml Distelöl

FÜR DEN KOPFSALAT

16 kleine Kopfsalatherz-Viertel
reichlich helle Balsamico-Distelöl-Vinaigrette oder
    Spargeldressing (siehe Rezept *Lauwarmer
    Spargelsalat, geräucherter Stör* auf Seite 36)

ZUM ANRICHTEN

70 g Walnusskerne, geröstet und gehackt
frische Kräuter nach Wahl (z. B. dunkles Basilikum,
    Bohnenkraut, Currykraut)
Olivenöl, zum Beträufeln

ZUBEREITUNG

Die gegarten Roten Rüben in dünne Scheiben schneiden. Den Balsamico, den Apfelsaft und die Gewürze aufkochen und mit Salz, Pfeffer und Zucker abschmecken. Die heiße Marinade über die Roten Rüben gießen und 20 Minuten ziehen lassen.

Für die Salatcreme den gut ausgedrückten, blanchierten Salat zusammen mit den Walnusskernen, der Xanthan-Base, etwas Salz, etwas Pfeffer und etwas Tabascosauce mixen. Nach und nach das Distelöl einlaufen lassen und weitermixen, bis eine feine Emulsion entstanden ist. Die Salatcreme noch einmal abschmecken.

Die Kopfsalatherz-Viertel in reichlich heller Balsamico-Distelöl-Vinaigrette wälzen.

Die Salatcreme auf die Teller geben und rund auseinanderstreichen. Darauf die marinierten Roten Rüben locker verteilen und die marinierten Kopfsalatherzen anrichten. Das Arrangement mit gerösteten Walnusskernen bestreuen und mit Kräutern garnieren. Zum Schluss etwas Olivenöl darüber träufeln.

LAUWARMER SPARGELSALAT, GERÄUCHERTER STÖR

FÜR DEN SPARGEL
12 Stangen weißer Spargel
etwas Salzwasser
Dressing, zum Erwärmen (siehe Teilrezept)

FÜR DAS DRESSING
100 ml Spargelwasser (Kochfond)
25 ml weißer Balsamico
Salz
Pfeffer aus der Mühle
250 ml Distelöl

FÜR DEN SPARGEL-ORANGEN-SALAT
1 reife Avocado
Spargelscheiben (siehe Teilrezept)
32 Orangenfilets
50 g fein geschnittenes Wurzelgemüse
   (Brunoise), blanchiert
Dressing (siehe Teilrezept)

FÜR DEN GERÄUCHERTEN STÖR
200 g geräuchertes Störfilet (von Walter Grüll)
50 g Butter

ZUM ANRICHTEN
4 grüne Spargelstangen, roh
   in dünne Späne geschnitten
etwas Avocadocreme
kleine Basilikumblätter
Leinsamen-Chips

ZUBEREITUNG

Die Spargelstangen sorgfältig schälen und in etwas Salzwasser kurz bissfest blanchieren. Die Spargelstangen in Eiswasser abschrecken. Das Spargelwasser auffangen und für das Dressing verwenden. Von den Spargelstangen, beginnend von der Spitze, 8 cm abmessen und abschneiden. Den unteren Teil quer in Scheiben schneiden und für den Spargelsalat verwenden. Die Spargelspitzen vor dem Anrichten in etwas Dressing erwärmen.

Für das Dressing das Spargelwasser, den weißen Balsamico, etwas Salz und Pfeffer mixen. Langsam das Distelöl einlaufen lassen und weitermixen, bis ein gebundenes Dressing entsteht.

Für den Spargel-Orangen-Salat die Avocado schälen, entkernen und in grobe Stücke schneiden. Die Avocadostücke mit den Spargelscheiben, den Orangenfilets und dem blanchierten Wurzelgemüse vermengen. Etwa die Hälfte des Dressings zugeben und marinieren.

Das geräucherte Störfilet in Stücke schneiden und in der heißen Butter leicht erwärmen.

Den marinierten Spargel-Orangen-Salat auf die Teller verteilen. Die grünen Spargelspäne mit etwas Dressing marinieren, leicht drapieren und auf dem Spargelsalat anrichten.

Die lauwarmen Spargelspitzen und den geräucherten Stör darüber arrangieren. Kleine Tupfen Avocadocreme aufspritzen und mit Basilikumblättern sowie Leinsamen-Chips garnieren.

WEISSER SPARGEL, BUCHWEIZEN, CONFIERTER DOTTER

FÜR DIE CONFIERTEN EIDOTTER
4 Eidotter
250 g geklärte Butter

FÜR DAS BUCHWEIZEN-SPARGEL-RAGOUT
200 g Buchweizen
Salz
30 g Butter
50 g gemischtes Wurzelgemüse (Brunoise),
    fein gewürfelt
200 ml helle Grundsauce
    (siehe Grundrezept auf Seite 234)
Pfeffer aus der Mühle
8 Stangen weißer Spargel, gekocht

ZUM ANRICHTEN
100 ml helle Grundsauce
    (siehe Grundrezept auf Seite 234), erhitzt
einige weiße und grüne Spargelspitzen,
    kurz blanchiert
violette Rettichkresse oder Kerbelspitzen

ZUBEREITUNG

Für die confierten Eidotter die geklärte Butter auf 60 °C erhitzen. Die Eidotter vorsichtig in die heiße Butter geben und etwa 1 Stunde darin ziehen lassen.

Den Buchweizen in reichlich Salzwasser etwa 20 Minuten kochen lassen. Anschließend kalt abschrecken und abtropfen lassen. Die Butter in einer Pfanne schmelzen und darin das fein gewürfelte Gemüse anschwitzen. Den Buchweizen zugeben und mit 200 ml Grundsauce auffüllen. Alles leicht einköcheln lassen und mit Salz und Pfeffer abschmecken. Zum Schluss den grob geschnittenen Spargel dazugeben.

Das Buchweizen-Spargel-Ragout mithilfe eines großen Anrichterings auf tiefen Tellern anrichten. Je einen confierten Eidotter in der Mitte platzieren. Rundherum mit weißen und grünen Spargelspitzen sowie violetter Rettichkresse garnieren. Zum Schluss die erhitzte Grundsauce aufschäumen und mit einem Löffel verteilen.

EIERSCHWAMMERLRAVIOLI,
BRAUNE BUTTER

FÜR DEN NUDELTEIG
300 g griffiges Weizenmehl
3 Eier (150 g)
20 g Olivenöl

FÜR DIE RICOTTA-
EIERSCHWAMMERL-FÜLLUNG
150 g Eierschwammerl, geputzt
300 g Ricotta
1 Ei (50 g)
80 g frisch geriebener Parmesan
1 EL frische Petersilie, fein geschnitten
Cayennepfeffer
Salz

ZUM FERTIGSTELLEN
DER RAVIOLI
griffiges Weizenmehl, zum Arbeiten
1 Ei, zum Bestreichen
Salz

FÜR DIE BRAUNE BUTTER
100 g Butter

ZUM ANRICHTEN
einige Eierschwammerl, kurz in Butter gebraten
kleine frische Salbeiblätter
frischer Parmesan am Stück

ZUBEREITUNG

Für den Nudelteig das griffige Weizenmehl, die Eier und das Olivenöl zu einem glatten, geschmeidigen Teig verkneten. Den Teig in Frischhaltefolie wickeln und 30 Minuten ruhen lassen.

Für die Füllung die geputzten Eierschwammerl klein schneiden und mit dem Ricotta, dem Ei, dem Parmesan und der fein geschnittenen Petersilie vermengen. Die Füllung mit Cayennepfeffer und Salz abschmecken und am besten in einen Kunststoffspritzbeutel füllen.

Zum Fertigstellen der Ravioli den Nudelteig mit einer Nudelmaschine nach und nach mit etwas griffigem Weizenmehl dünn ausrollen und in zwei lange Bahnen teilen. Eine Teigbahn mit verquirltem Ei bestreichen und mit etwas Abstand große Tupfen Ricotta-Eierschwammerl-Füllung aufspritzen. Dann die zweite Teigbahn darüber legen. Einen Ausstechring (7 cm Durchmesser) umdrehen und die Füllung rundherum leicht fixieren, den Teig allerdings nicht durchstechen. Den Teig in den Zwischenräumen gut festdrücken. Dann mit einem Ausstechring (10 cm Durchmesser) runde Ravioli ausstechen. Die Ravioli in reichlich leicht siedendem Salzwasser 3–4 Minuten garen.

Zwischenzeitlich die Butter in einem Topf schmelzen und langsam bräunen.

Die Ravioli aus dem Wasser schöpfen, kurz abtropfen lassen und auf Tellern anrichten. Dann mit der braunen Butter übergießen. Die gebratenen Eierschwammerl verteilen und nach Belieben mit kleinen Salbeiblättern und frisch gehobeltem Parmesan garnieren.

TIPP
Frische Eierschwammerl können während der Saison auch gut eingefroren werden – aber nie roh, sonst werden nach dem Auftauen Bitterstoffe freigesetzt, die den Geschmack beeinträchtigen. Blanchieren Sie die Eierschwammerl also vor dem Einfrieren etwa 20 Sekunden in kochendem Salzwasser mit einem Hauch Knoblauch und etwas Thymian. Die Eierschwammerl danach in Eiswasser abschrecken, gut abtropfen lassen und einfrieren – der Geschmack bleibt erhalten.

KALBSKOPFTORTE, SCHNITTLAUCHSAUCE

FÜR DIE HÜHNERFARCE
100 g rohe Hühnerbrust, ohne Haut
Salz
Pfeffer
120 g flüssiges Obers, kalt
1 Ei

FÜR DIE KALBSKOPFTORTE
100 g frische Champignons
etwas Butter, zum Anbraten
100 g Suppengemüse, fein gewürfelt (Brunoise)
300 g vorgegarter Kalbskopf, geputzt
Hühnerfarce (siehe Teilrezept)
etwas Trüffelöl
etwas frische Petersilie, gehackt
etwa 8 Crêpes, in einer Pfanne
    (24 cm Durchmesser) ausgebacken
etwas weiche Butter

FÜR DIE SCHNITTLAUCHSAUCE
200 g Sauerrahm
100 g frischer Schnittlauch
Salz
Pfeffer
Cayennepfeffer
frisch gepresster Zitronensaft

ZUM ANRICHTEN
frischer Frisée oder Vogerlsalat
feine Schnittlauchhalme
etwas Kalbsjus, nach Belieben
    (siehe Grundrezept auf Seite 235)

ZUBEREITUNG

Für die Hühnerfarce die Hühnerbrust grob würfeln und etwa 15 Minuten ins Gefrierfach legen, damit sie gut gekühlt weiterverarbeitet werden kann. Dann mit Salz und Pfeffer würzen und in einen Universal-Zerkleinerer füllen. Nach und nach das flüssige kalte Obers und das Ei zugeben und zu einer homogenen Masse mixen.

Zwischenzeitlich die Champignons putzen, würfeln und in etwas Butter anschwitzen. Danach abkühlen lassen. Das Suppengemüse in sehr kleine Würfel schneiden. Den Kalbskopf ebenfalls fein würfeln. Alles unter die Farce mischen. Etwas gehackte Petersilie untermengen und mit Trüffelöl verfeinern. Die Kalbskopf-Farce 10 Minuten kalt stellen.

Inzwischen die ausgebackenen Crêpes zu Kreisen mit einem Durchmesser von 20 cm ausstechen und beiseitelegen. Eine Lage Alufolie auf ein Backblech legen, mit weicher Butter einstreichen. Darauf einen Tortenring (20 cm Durchmesser) stellen.

Eine Crêpe als Boden in den Tortenring legen, dann abwechselnd Kalbskopf-Farce und Crêpes einschichten, bis die ganze Farce aufgebraucht ist. Mit einer Lage Crêpe abschließen. Die Kalbskopftorte im vorgeheizten Backofen bei 150 °C etwa 15 Minuten backen, vor dem Servieren leicht abkühlen lassen.

Für die Schnittlauchsauce den Sauerrahm mit dem fein geschnittenen Schnittlauch verrühren und mit Salz, Pfeffer, Cayennepfeffer und Zitronensaft abschmecken.

Die Kalbskopftorte in Stücke schneiden und auf Tellern anrichten. Rundherum die Schnittlauchsauce verteilen und mit feinem Frisée-Salat und Schnittlauchhalmen garnieren. Nach Belieben etwas Kalbsjus auf die Teller träufeln und servieren.

TIPP
Ein Rezept für dünne Crêpes steht in den Grundrezepten unter *Palatschinken* auf Seite 237.

BLUNZENSTRUDEL, OKTOPUS, BÄRLAUCH

FÜR DEN OKTOPUS
350 g roher Oktopus, geputzt
2 l Wasser
100 g Wurzelgemüse, grob gewürfelt
1 Lorbeerblatt
1 TL Rosmarin, getrocknet
3 Knoblauchzehen
Salz
4 EL Olivenöl

FÜR DIE GERÖSTETEN ERDÄPFEL
100 g speckige Erdäpfel, geschält
200 ml Sonnenblumenöl

FÜR DEN BLUNZENSTRUDEL
100 g Zwiebeln, fein gewürfelt
50 ml Olivenöl
250 g Blutwurst, frisch vom Metzger
geröstete Erdäpfelwürfel (siehe Teilrezept)
1 Knoblauchzehe, fein gehackt
1 TL gerebelter Majoran
Salz
Pfeffer aus der Mühle
1 Ei (50 g)
2 EL gehackte Petersilie
4 Strudelteigblätter (20 × 20 cm)
100 g flüssige Butter, zum Bestreichen
reichlich Pflanzenöl, zum Ausbacken

FÜR DEN BLATTSPINAT
40 g Schalotten, fein gewürfelt
20 g Olivenöl
300 g frischer Blattspinat
Salz
Pfeffer aus der Mühle

ZUM ANRICHTEN
8 Bärlauchspitzen
etwas Bärlauchmayonnaise
   (siehe Grundrezept auf Seite 230)
2 EL Kalbsjus

ZUBEREITUNG

Den Oktopus in grobe Stücke schneiden. Das Wasser mit dem Wurzelgemüse, dem Lorbeerblatt, dem Rosmarin, den Knoblauchzehen und etwas Salz zum Kochen bringen. Den Oktopus zugeben und 1 Stunde leicht siedend kochen, bis er weich ist. Danach vom Herd nehmen und im Kochfond abkühlen lassen. Zum Anrichten den Oktopus im Olivenöl beidseitig knusprig rösten.

Für die gerösteten Erdäpfel die Kartoffeln in kleine Würfel schneiden und 10 Minuten in kaltes Wasser legen. Danach gut trocken tupfen und im heißen Sonnenblumenöl goldgelb ausbacken. Die Erdäpfelwürfel abtropfen lassen.

Für den Blunzenstrudel die Zwiebeln im Olivenöl anschwitzen. Die Blutwurst zugeben und kurz rösten. Die Erdäpfelwürfel, den Knoblauch, den Majoran und etwas Salz und Pfeffer zugeben und abkühlen lassen. Danach das Ei und die gehackte Petersilie untermengen.

Die Strudelteigblätter mit flüssiger Butter bestreichen. Die Blunzenmasse am besten in einen Kunststoffspritzbeutel füllen und je ein Viertel am unteren Rand gleichmäßig aufspritzen. Die seitlichen Ränder einklappen und den Strudel aufrollen. Vor dem Anrichten die Strudel in reichlich auf 180 °C erhitztem Pflanzenöl etwa 3 Minuten goldgelb und knusprig ausbacken.

Für den Blattspinat die Schalotten im Olivenöl anschwitzen. Den Blattspinat zugeben, mit Salz und Pfeffer würzen und kurz durchschwenken.

Den Blattspinat auf den Tellern anrichten. Den Blunzenstrudel quer halbieren und hochkant auf den Spinat setzen. Den gerösteten Oktopus verteilen. Mit Bärlauchspitzen und etwas Bärlauch-Mayonnaise garnieren. Zum Schluss rundherum etwas Kalbsjus träufeln.

Vorspeisen

GÄNSELEBERVARIATIONEN, BRIOCHE

FÜR DIE BRIOCHE

500 g glattes Weizenmehl
8 g Salz
230 g Milch
30 g Zucker
30 g frischer Germ
3 frische Eidotter
1 Ei
50 g Mangomark
90 g zimmerwarme Butter
1 Ei, zum Bestreichen

FÜR DIE GÄNSELEBERTERRINE

500 g frische Gänsestopfleber
3 g Pökelsalz
3 g Gewürzsalz
40 ml Beerenauslese
40 ml Weinbrand
Salz
Pfeffer

FÜR DAS GÄNSELEBER-EIS

5 frische Eidotter
1 Ei
50 g Zucker
150 ml Beerenauslese
200 g frische Gänsestopfleber, geputzt

Weiter auf der nächsten Seite

ZUBEREITUNG

Für die Brioche das Weizenmehl und das Salz in der Rührschüssel der Küchenmaschine vermischen. Die Milch zusammen mit dem Zucker lauwarm erwärmen und darin den Germ auflösen. Das Hefegemisch zum Weizenmehl geben und kurz verkneten. Die Eidotter, das Ei und das Mangomark zufügen und weiterkneten. Zum Schluss die zimmerwarme Butter zugeben und weiterkneten, bis ein glatter und geschmeidiger Teig entstanden ist.

Den Briocheteig zugedeckt etwa 30 Minuten bei Raumtemperatur ruhen lassen. Danach den Teig in zwanzig gleich große Portionen teilen, länglich ausrollen und daraus geflochtene Briocheknöpfe formen. Ersatzweise die Portionen zu glatten Kugeln drehen. Die Teiglinge auf ein mit Backpapier belegtes Backblech setzen und mit verquirltem Ei bestreichen.

Die Brioche im vorgeheizten Backofen bei 175 °C etwa 16 Minuten goldgelb backen. Danach abkühlen lassen.

Für die Gänseleberterrine die Gänsestopfleber sauber putzen und von Äderchen befreien. Die geputzte Gänsestopfleber in Würfel schneiden, in eine Schüssel füllen und sofort auf ein Eisbad stellen. Das Pökelsalz, das Gewürzsalz, die Beerenauslese und den Weinbrand zugeben und vermengen. Die Masse mit Salz und Pfeffer würzen und in eine Terrakotta-Terrinenform füllen. Den Deckel aufsetzen und im vorgeheizten Backofen bei 75 °C etwa 30 Minuten garen. Die Gänseleberterrine vor dem Anschnitt 24 Stunden in der Form kalt stellen.

Für das Gänseleber-Eis die Eidotter, das Ei, den Zucker und die Beerenauslese in eine Metallschüssel geben und über einem warmen Wasserbad schaumig aufschlagen, bis die Masse leicht andickt (82 °C). Die Schaummasse sofort vom Wasserbad nehmen. Die Gänsestopfleber würfeln und unter die

GÄNSELEBERVARIATIONEN, BRIOCHE

FÜR DIE GÄNSELEBERCREME

100 g frische Gänsestopfleber, in Scheiben
40 ml Beerenauslese
1 EL Xanthan
Salz
Pfeffer

FÜR DIE GÄNSELEBERSUPPE

200 ml Grundsuppe
    (siehe Grundrezept auf Seite 234)
40 g frische Gänsestopfleber
20 ml roter Portwein
20 ml Beerenauslese
20 ml Marsala-Wein
Salz
Pfeffer

FÜR DIE GEBRATENE GÄNSELEBER

4 Scheiben frische Gänsestopfleber,
    á ca. 30–40 g
Salz

ZUM ANRICHTEN NACH WUNSCH

Leinsamen-Chips
gepuffte Cerealien
etwas Erdäpfelpüree
    (siehe Grundrezept auf Seite 233)
etwas Kalbsjus
    (siehe Grundrezept auf Seite 235)
Mangomark
feine Kräuterspitzen,
    z. B. Rosmarin, Thymian
rote Portwein-Zwiebeln
geröstete Haselnusskerne

Schaummasse mixen. Danach durch ein Sieb streichen und in einer Eismaschine zu cremigem Gänseleber-Eis gefrieren.

Für die Gänselebercreme die Gänsestopfleber in einer heißen Pfanne beidseitig braten. Anschließend zusammen mit der Beerenauslese und dem Xanthan fein pürieren. Die Gänselebercreme mit Salz und Pfeffer abschmecken, dann in einen Spritzbeutel füllen und kalt stellen.

Für die Gänselebersuppe die Grundsuppe mit der klein geschnittenen Gänseleber einmal aufkochen. Den Portwein, die Beerenauslese und den Marsala zufügen und in einem Mixbecher fein pürieren. Die Gänselebersuppe mit Salz und Pfeffer abschmecken und in passende hitzebeständige Gläser, kleine Tassen oder Espressotassen abfüllen. Danach gleich servieren.

Für die gebratene Gänseleber die Gänsestopfleberscheiben in einer heißen Pfanne beidseitig scharf und goldbraun braten. Danach mit Salz bestreuen und anrichten.

Je eine Scheibe Gänseleberterrine auf vier große Teller legen. Reichlich Gänselebercreme auf je einen Leinsamen-Chip spritzen, mit gepufften Cerealien bestreuen und auf die Teller legen. Etwas Erdäpfelpüree auf die Teller geben und je eine gebratene Gänseleberscheibe darauflegen. Etwas Kalbsjus in die Zwischenräume träufeln. Alles mit einigen Tupfen Mangomark und feinen Kräuterspitzen garnieren. Zum Schluss je eine Nocke Gänseleber-Eis auf ein Bett aus roten Portwein-Zwiebeln platzieren und mit gerösteten Haselnusskernen garnieren. Dazu die Brioche reichen.

Tobias Berger, die rechte Hand vom Chef,
sorgt nicht nur für präzise Teller, sondern auch
für gute Stimmung in der Küche.

TRÜFFELEIERSPEISE

FÜR DIE EIERSPEISE
8 Eier
100 ml Obers
Salz
50 g Butter

ZUM SERVIEREN
10 g frische Alba-Trüffel

ZUBEREITUNG

Die Eier mit dem flüssigen Obers leicht verquirlen und mit Salz würzen.

Die Butter in die kalte Pfanne geben und bei milder Hitze langsam schmelzen lassen. Die verquirlten Eier zugeben und mit einer Gummispatel immer wieder von rechts nach links und von oben nach unten schieben, sodass sanfte Wellen entstehen und die Eier langsam und sanft stocken. Die Hitze unbedingt niedrig halten und die Eier keinesfalls bräunen.

Die Eierspeise auf die Teller verteilen und frische Alba-Trüffel darüberhobeln.

TIPP
Dazu passt ein wenig schaumige helle Grundsauce (siehe Grundrezept auf Seite 234).

TRÜFFELBROT, WACHTELEI

FÜR DIE SANDWICH-BROTE

4 Scheiben Toastbrot
50 g Taleggio-Weichkäse
100 g warmes Erdäpfelpüree
   (siehe Grundrezept auf Seite 233)
80 g Butter

FÜR DAS WACHTELEI

4 Wachteleier
etwas Butter

ZUM ANRICHTEN

etwas helle Grundsauce
   (siehe Grundrezept auf Seite 234)
10 g frische Alba-Trüffel

ZUBEREITUNG

Das Toastbrot entrinden und in jeweils zwei Stücke schneiden. Den Taleggio klein schneiden und mit dem warmen Erdäpfelpüree vermengen. Die Erdäpfel-Käse-Masse auf die unteren vier Toastbrothälften streichen und mit je einem Toastbrotdeckel abschließen, sodass Sandwiches entstehen.

Die Butter in einer Pfanne aufschäumen und die Sandwiches beidseitig goldbraun braten.

Etwas Butter in eine separate kalte Pfanne geben. Die Wachteleier vorsichtig aufschlagen und zugeben. Dann sanft erhitzen und leicht stocken lassen.

Die Sandwich-Brote auf Teller legen und darauf je ein Wachtelei anrichten. Etwas helle Grundsauce aufschäumen und rundherum träufeln. Zum Schluss mit einem Trüffelhobel hauchdünne Scheiben Alba-Trüffel darüber hobeln.

THUNFISCH, MANGO, SESAM

FÜR DAS MANGO-GEL
250 g Mangomark
50 g Staubzucker
15 g vegetarisches Gelatinepulver
Salz
Pfeffer aus der Mühle
etwas Chili
etwas Zitronensaft

FÜR DEN MARINIERTEN THUNFISCH
100 g rohes Thunfischfilet

FÜR DIE SESAM-MARINADE
100 ml Sesamöl
50 g Sojasauce
50 g Orangensaft

FÜR DEN GERÖSTETEN THUNFISCH
400 g rohes Thunfischfilet
1 EL Pflanzenöl
50 g geröstete helle und schwarze
   Sesamsamen, kurz gemixt

FÜR DEN SPARGEL
12 weiße Spargelspitzen oder -stücke, gekocht
12 grüne Spargelspitzen oder -stücke, gekocht
50 g blanchiertes Gemüse, fein gewürfelt
etwas Sesam-Marinade (siehe Teilrezept)

ZUM ANRICHTEN
Erbsenkresse oder Bachkresse

ZUBEREITUNG

Für das Mango-Gel das Mangomark, den Staubzucker und das vegetarische Gelatinepulver verrühren und aufkochen. Mit Salz, Pfeffer, etwas Chili und etwas Zitronensaft abschmecken und zum Gelieren kalt stellen. Anschließend zu einem feinen Gel mixen.

Für den marinierten Thunfisch das rohe Thunfischfilet in Frischhaltefolie wickeln, die Enden straff verknoten und einige Stunden gefrieren.

Für die Sesam-Marinade das Sesamöl mit der Sojasauce und dem Orangensaft gut verrühren.

Für den gerösteten Thunfisch das Thunfischfilet in längliche Rechtecke schneiden. Das Pflanzenöl stark erhitzen und den Thunfisch von allen Seiten kurz und scharf anbraten. Danach in der Sesammischung wälzen und in dicke Scheiben schneiden.

Die gekochten Spargelstücke und das blanchierte Gemüse mit etwas Sesam-Marinade vermischen.

Das gefrorene Thunfischfilet am besten mit der Aufschnittmaschine in dünne Scheiben schneiden und roh auf den Tellern anrichten. Gleichmäßig mit etwas Sesam-Marinade bestreichen. Die gerösteten Thunfischwürfel sowie den marinierten Spargel mit dem Gemüse auf den marinierten Thunfischscheiben anrichten. Einige Tupfen Mango-Gel aufspritzen und mit Erbsenkresse garnieren.

GRÜNER APFEL, LACHSFORELLE, BUTTERMILCH

FÜR DIE GEBEIZTE LACHSFORELLE

500 g frisches dickes Lachsforellenfilet,
    ohne Haut
25 g brauner Zucker
15 g Meersalz

FÜR DEN BUTTERMILCHSUD

400 ml Buttermilch
100 ml Olivenöl

ZUM ANRICHTEN

2 grüne Äpfel
50 g Forellenkaviar
frische Kräuter, z. B. Kerbel

ZUBEREITUNG

Für die gebeizte Lachsforelle das Forellenfilet entgräten und säubern. Für das Spezialsalz den braunen Zucker und das Meersalz vermischen. Das Lachsforellenfilet großzügig mit dem Spezialsalz bestreuen und 1 Stunde im Kühlschrank marinieren lassen. Danach leicht unter fließendem Wasser säubern und mit Küchenpapier vorsichtig trocken tupfen. Die Fischoberseite mit einem Flambiergerät oder Bunsenbrenner leicht abflämmen.

Für den Buttermilchsud die Buttermilch und das Olivenöl gut verrühren und in separate Kännchen füllen.

Die Äpfel vom Kerngehäuse befreien und samt der Schale mit der Aufschnittmaschine in sehr dünne Scheiben schneiden.

Das geflämmte Lachsforellenfilet in fingerdicke Scheiben schneiden und rosettenartig mittig auf tiefen Tellern anrichten. In die Zwischenräume die Apfelscheiben stecken und mit Forellenkaviar und Kräutern garnieren. Anschließend servieren und bei Tisch den kalten Buttermilchsud angießen.

WAS VERSTEHT MAN UNTER SPEZIALSALZ?

In unserer Küche gibt es eine Vielzahl von Salzmischungen, teilweise bestehen diese aus acht unterschiedlichen Salzen. Diese Mischung von Salz und braunem Zucker eignet sich perfekt zum Beizen; wichtig ist, dass der Zucker überwiegt, da der Fisch sonst schnell versalzen schmeckt.

KAVIAR, GEBACKENES EI,
BLINI, NUSSBUTTERPÜREE

FÜR DIE BLINI
500 g mehligkochende Erdäpfel, geschält
3 Eier
100 g weiche Butter
50 g glutenfreies Mehl
Salz
Pfeffer
frisch geriebene Muskatnuss
etwas Butter, zum Anbraten

FÜR DAS NUSSBUTTERPÜREE
500 g mehligkochende Erdäpfel, geschält
125 g Nussbutter (gebräunte Butter)
50 ml Obers
Salz
Pfeffer
frisch geriebene Muskatnuss

FÜR DIE GEBACKENEN EIER
4 Eier, Größe M
etwas Weizenmehl, zum Panieren
1 Ei, zum Panieren
reichlich Semmelbrösel, zum Panieren
1 l Sonnenblumenöl, zum Frittieren

ZUM ANRICHTEN
reichlich Kaviar

ZUBEREITUNG

Für die Blini die Erdäpfel in Salzwasser weich kochen, abgießen und heiß passieren. Die Eier, die weiche Butter und das glutenfreie Mehl zufügen. Mit Salz, Pfeffer und Muskatnuss würzen. Alles gut vermengen und in hitzebeständige Formen abfüllen. Dann mit Frischhaltefolie überziehen. Den Bliniteig entweder im Dampfgarofen bei 100 °C etwa 50 Minuten dämpfen oder die Formen in ein Wasserbad stellen und im Backofen bei 130 °C ebenfalls 50 Minuten garen. Vor dem Anrichten die Blini je nach Größe und Wunsch zuschneiden und beidseitig in etwas Butter braten.

Für das Nussbutterpüree die Erdäpfel in Salzwasser weich kochen, abgießen und heiß passieren. Die warme gebräunte Butter und das erwärmte Obers untermengen. Das Püree mit Salz, Pfeffer und Muskatnuss abschmecken.

Für die gebackenen Eier die Eier 5 Minuten in der Schale kochen, dann in Eiswasser legen und abkühlen lassen. Die Eier pellen. Zuerst in Weizenmehl wenden, anschließend durch das verquirlte Ei ziehen und zum Schluss in reichlich Semmelbröseln panieren. Das Sonnenblumenöl auf 180 °C erhitzen und die panierten Eier darin 30 Sekunden goldgelb frittieren.

Etwas Nussbutterpüree auf vier Blini spritzen und mit 10 g Kaviar krönen, dann auf Tellern anrichten. Daneben etwas Nussbutterpüree geben und je ein gebackenes Ei darauf platzieren. Den Kaviar am besten auf ein Eisbett setzen und dazu servieren.

TIPP
Für die Blini verwende ich glutenfreies Mehl, einen Mix aus Kartoffel- und Maismehl. Es ist leichter verträglich, die Farbe ist schöner und der Mehlgeschmack weniger intensiv.

HUBERS KAVIAR-KLASSIKER, BEEF TATAR

FÜR DIE CONFIERTEN EIDOTTER
4 Eidotter
250 g geklärte Butter

FÜR DIE BEEF-PASTE
375 g Essiggurken
18 g Sardellenfilets
125 g eingelegte Kapern
18 g Salz
12 g edelsüßes Paprikapulver
130 g Tomatenketchup
30 g feiner Senf
15 g Worcestersauce
30 g Weinbrand
12 g Tabascosauce

FÜR DAS BEEF TATAR
320 g Rinderhüfte, sauber pariert
240 g Beef-Paste (siehe Teilrezept)
etwas frische Petersilie, fein geschnitten
Salz
Pfeffer
etwas Olivenöl

ZUM ANRICHTEN
40 g Kaviar
200 g warmes Erdäpfelpüree
   (siehe Grundrezept auf Seite 233)
frische Petersilie

ZUBEREITUNG

Für die confierten Eidotter die geklärte Butter auf 60 °C erhitzen. Die Eidotter vorsichtig in die heiße Butter geben und etwa 1 Stunde darin ziehen lassen.

Für die Beef-Paste die Essiggurken, die Sardellenfilets, die Kapern, das Salz, das Paprikapulver, den Tomatenketchup, den Senf, die Worcestersauce, den Weinbrand und die Tabascosauce grob pürieren, anschließend kalt stellen.

Für das Beef Tatar die Rinderhüfte in sehr feine Würfel schneiden und mit der Beef-Paste vermengen. Das Tatar mit fein geschnittener Petersilie, Salz, Pfeffer und etwas Olivenöl abschmecken.

Das Beef Tatar in einen Ring füllen, leicht pressen und mit Kaviar bedecken. Den Ring abziehen und je einen confierten Eidotter darauflegen. Rundherum einige Tupfen warmes Erdäpfelpüree spritzen und mit feiner Petersilie garnieren.

TIPP
Die Beef-Paste ergibt etwa die dreifache Menge. Gut verschlossen hält sie für eine spätere Verwendung mindestens drei Monate im Kühlschrank.

Reinster Genuss – und das vom regionalen Anbieter:
Schwarzer Kaviar von Walter Grüll
verfeinert zahlreiche Gerichte von Harald Huber.

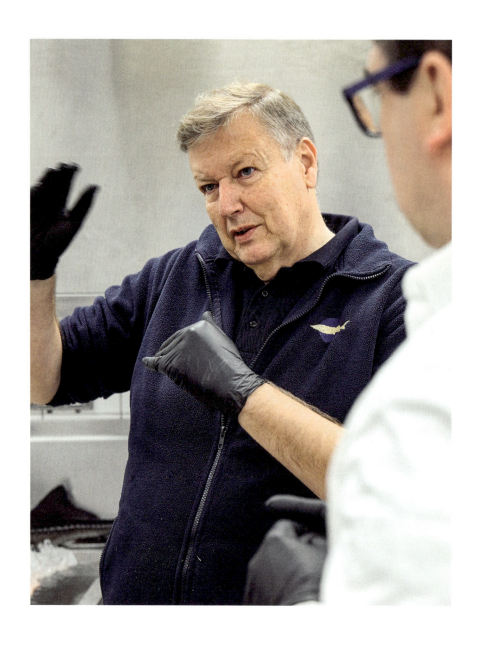

Gipfeltreffen im Caviar Room:
Harald Huber lässt sich von Walter Grüll erklären,
wie der Kaviar gewonnen wird.

DER KÖNIG DES KAVIARS

ZU BESUCH BEIM LEGENDÄREN
»ROGEN-DEALER«

In einer ehemaligen Fleischerei in Grödig, südlich der Stadt
Salzburg, verbirgt sich ein Schlaraffenland für Genießer:
In einem Hinterzimmer des renommierten Fischhandels
von Walter Grüll wird der berühmte Störkaviar gewonnen –
auch ein Fixbestandteil in Harald Hubers
Küche. Ein Lokalaugenschein.

*Die einen haben einen Champagnerkeller, Walter Grüll
hat seinen Caviar Room.* Der Raum im hinteren Bereich des Fischhandels Grüll ist blitzblank geputzt
und mit weißen Kacheln sowie Nirosta-Arbeitsflächen ausgestattet, sodass er eher an ein Labor erinnert als an eine Fischzucht. Zwei große Spülbecken
glänzen unter dem kalten Neonlicht, auf der Arbeitsfläche liegt, in reichlich Eis gebettet, ein beachtlicher
Stör von knapp zwanzig Kilo – der Hauptdarsteller
des Tages.

Fast liebevoll fährt Walter Grüll mit der Hand
über den glatten Rücken des Störs. »Das hier ist der
Moment, in dem aus einem Fisch eine Delikatesse
wird«, sagt der Chef und blickt hinüber zu Harald

Huber, der an diesem Tag assistieren soll. Der Spitzenkoch ist schon lange treuer Kunde von Walter Grüll
und mittlerweile auch ein Freund geworden. Seit
2010 bezieht Huber den Kaviar ausschließlich von
Grüll, rund fünfzehn seiner Gerichte enthalten das
»schwarze Gold«.

Genau beobachtet er die präzisen Bewegungen
des Kaviarmeisters, ehe er selbst Hand anlegt, sprich:
den Fisch mit einem Skalpell öffnet. »Mich fasziniert
seine Philosophie«, sagt Huber und zeigt auf Grüll,
während er mit der anderen Hand vorsichtig am
Fischbauch entlangschneidet. »Diese Verbindung
aus Nachhaltigkeit, Handwerk und Perfektion ist
einmalig.«

»Unsere Störe wachsen in Freiluftbecken auf und werden in der Regel vierzehn bis sechzehn Jahre alt, bevor wir Kaviar ernten.«

WALTER GRÜLL

Hohe Standards pflegte Grüll von Beginn an. »Rogenabhängig. Seit 1993« prangt in großer Schrift auf dem Schaufenster des Geschäfts, doch Grülls Weg zu seinem Ruf als »König des Kaviars« begann schon zwei Jahrzehnte zuvor: Mit gerade einmal zwölf Jahren züchtete Grüll, Jahrgang 1963, Forellen im Keller seiner Eltern. Während seine Freunde auf dem Fußballplatz standen, verbrachte er Stunden damit, die kleinen Fische zu pflegen und ihre Entwicklung zu beobachten. Später, nach der Matura, wurde er Beamter bei der Salzburger Landesregierung, doch die Leidenschaft für die Fischzucht ließ ihn nicht los. Nebenberuflich belieferte er Gastronomen mit lebenden Fischen, bis er sich 1992 endgültig selbstständig machte.

Sein Betrieb Al Pescatore wurde schnell ein Begriff in der Branche, Grülls Qualitätsbewusstsein

sprach sich herum. Doch mit dem Erfolg wuchs auch die Belastung. Bis zu 70 Tonnen Fisch lieferte er jährlich aus – ein Pensum, das ihn an seine Grenzen brachte. Also zog Grüll die Reißleine, verkleinerte den Betrieb und konzentrierte sich fortan auf die Zucht von Stören und die Herstellung von Kaviar. »Beigebracht«, so Walter Grüll über den Umgang mit dem majestätischen Fisch, »habe ich mir alles selbst.«

Anders als viele Produzenten, die ihre Störe in Hallen halten und nach nur vier bis fünf Jahren abernten, gibt Grüll seinen Fischen Zeit. »Unsere Störe wachsen in Freiluftbecken auf und reifen daher langsamer als die Hallenstöre. In der Regel werden sie 14 bis 16 Jahre alt, bevor wir Kaviar ernten«, erklärt er. Die Tiere werden stressfrei von den Zuchtteichen in Salzburg und Bayern nach Grödig transportiert,

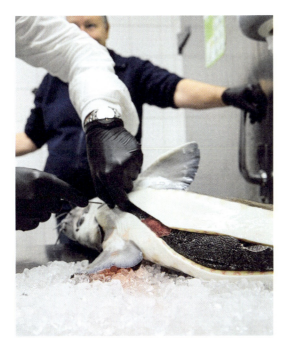

Harald darf selbst Hand anlegen und staunt über
die große Menge Kaviar: Etwa 14 Prozent des Gesamtgewichts
macht der Rogen aus, den der Stör in seinem Bauch trägt.

Vorsichtig wird der Rogen herausgelöst, gewaschen und leicht gesalzen,
bevor er in Dosen gefüllt wird. Natürlich darf
Harald Huber den frischen Kaviar auch gleich verkosten.

> »Der geringe Salzanteil ist der Schlüssel zum milden,
> butterweichen Geschmack unseres Kaviars.«

WALTER GRÜLL

wo sie in großen Wasserbecken zur Ruhe kommen. Jeder Fisch wird per Ultraschall untersucht, bevor entschieden wird, ob er bereit ist. »Bis zur ersten Ovulation«, rechnet der Chef vor, »dauert es bei uns acht bis zehn Jahre. Und weitere zwei bis vier bis zur dritten, die so richtig spannend ist, weil der Stör da 14 Prozent seines Gesamtgewichts in Form von Rogen in sich trägt.«

Im Caviar Room selbst geht es zu wie in einer Haubenküche. Mit chirurgischer Präzision werden die Membranen, die den Kaviar umhüllen, entfernt. Die glänzenden Perlen werden mehrfach gewaschen, sorgfältig abgetropft und schließlich mit Salz veredelt. Alles in allem darf dieser Prozess nicht länger als zwanzig Minuten dauern, um die Qualität des Endprodukts nicht zu beeinträchtigen. Grüll verwendet übrigens nur drei Gramm Salz pro Kilo

Kaviar – weit weniger als viele seiner Mitbewerber. »Das ist der Schlüssel zu unserem milden, butterweichen Geschmack«, sagt er.

Für Grüll ist der Stör weit mehr als ein Lieferant von Kaviar. »Wir verwerten alles!« Das Fleisch, das geschmacklich zwischen Karpfen und Aal liegt, wird für feine Gerichte verwendet, aus der Haut fertigt ein Kürschner Ledergürtel. Es ist eine Philosophie der Nachhaltigkeit, die Grüll seit Jahren lebt.

Sein Kaviar, der zwei bis drei Monate haltbar ist, hat längst internationale Berühmtheit erlangt. Kunden aus Russland, Japan, Hongkong und Singapur schwören auf das »schwarze Gold« aus Grödig. Doch Grüll bleibt bodenständig. Als Singapore Airlines einmal 33.000 Dosen ordern wollten, lehnte er ab. »Zu viel Stress. Es ist alles gut so, wie es ist«, sagt er mit einem Lächeln.

SUPPEN

GAZPACHO, GARNELEN

FÜR DIE GAZPACHO

150 g gemischte Paprikaschoten
    (rot, gelb, grün)
150 g Salatgurke
4 Tomaten
½ Knoblauchzehe, gehackt
einige Petersilienblätter
500 ml kalter Gemüsefond
    (siehe Grundrezept auf Seite 233)
Salz
Pfeffer
etwas Chili
weißer Balsamico

FÜR DIE GARNELEN

4 große rohe Garnelen, mit Schale
Salz
Pfeffer
1 EL Sonnenblumenöl oder Olivenöl
etwas Butter

ZUM ANRICHTEN

Brotchips (siehe Grundrezept auf Seite 231)
frische Avocado, in Scheiben
Mini-Basilikum
etwas Sauerrahm
Olivenöl

ZUBEREITUNG

Die Paprikaschoten von Strunk und Samen befreien und vierteln. Dann kurz in kochendem Wasser blanchieren. Anschließend in Eiswasser abschrecken und die Haut abziehen. Die Salatgurke schälen, grob würfeln und ebenfalls kurz blanchieren, dann abschrecken und abtropfen lassen. Die Tomaten kurz blanchieren, in Eiswasser abschrecken und danach die Haut abziehen. Die Tomaten vierteln und die Kerne heraustrennen.

Das gesamte Gemüse mit dem Knoblauch und einigen Petersilienblättern in einen Mixer füllen. Dann den kalten Gemüsefond zugießen und alles zusammen sehr fein mixen. Die kalte Suppe mit Salz, Pfeffer, etwas Chili und weißem Balsamico abschmecken und kalt stellen. Die Gazpacho vor dem Anrichten noch einmal abschmecken.

Die Garnelen schälen, dabei das letzte Schalenglied nicht abtrennen. Die Garnelenschwänze vom Darm befreien, säubern und mit Salz und Pfeffer würzen. Das Sonnenblumenöl mit etwas Butter erhitzen und darin die Garnelen beidseitig braten.

Je einen Brotchip auf kleine Teller legen und mit Avocadoscheiben belegen. Die gebratenen Garnelen daraufsetzen und mit Mini-Basilikum garnieren. Die kalte Gazpacho in kleine Schalen oder Gläser füllen und mit kleinen Tupfen Sauerrahm, Mini-Basilikum und ein paar Tropfen Olivenöl garnieren.

TIPP

Die Gazpacho ist ein typisches Sommergericht für heiße Tage und schmeckt natürlich am besten, wenn man saisonale Zutaten verwendet.

GURKENKALTSCHALE, FRISCHKÄSECREME

FÜR DIE GURKENKALTSCHALE
300 g Salatgurken
100 g Sauerrahm
Salz
Pfeffer
etwas frisch gepresster Zitronensaft
etwas weißer Balsamico

FÜR DIE FRISCHKÄSECREME
100 g Frischkäse
Salz
Pfeffer
Cayennepfeffer
etwas frisch gepresster Zitronensaft

ZUM ANRICHTEN
knusprige Brotchips
   (siehe Grundrezept auf Seite 231)
frische Salatgurkenstreifen,
   dünn geschnitten
gemischte Kräuter und essbare Blüten,
   z. B. Mini-Basilikum, Basilikumblüten,
   Kerbel

ZUBEREITUNG

Die Salatgurken schälen, in grobe Stücke schneiden und kurz in kochendem Salzwasser blanchieren. Die Gurkenstücke in Eiswasser abschrecken und in einen Mixbehälter füllen. Den Sauerrahm zufügen und fein mixen. Die Gurkenkaltschale mit Salz, Pfeffer, frisch gepresstem Zitronensaft und weißem Balsamico abschmecken und nochmals kurz durchmixen. Danach kalt stellen.

Den Frischkäse glatt rühren und mit Salz, Pfeffer, Cayennepfeffer und Zitronensaft abschmecken. Die Frischkäsecreme am besten in einen kleinen Kunststoff-Spritzbeutel füllen.

Einige knusprige Brotchips auf separaten Tellern anrichten. Darauf große Tupfen Frischkäsecreme aufspritzen und mit aufgerollten Salatgurkenstreifen sowie gemischten Kräutern und Blüten garnieren. Die Gurkenkaltschale in hohe Schalen oder Gläser füllen und servieren.

KLARE RINDSUPPE, EINLAGEN

FÜR DIE KLARE RINDSUPPE

2 kg Tafelspitz vom Rind
2 gelbe Zwiebeln, mit Schale
2 Petersilienwurzeln
100 g Lauch, geputzt
1 Bund Suppengrün
etwas frisches Liebstöckel
3 Wacholderbeeren
10 schwarze Pfefferkörner
etwas Muskatnuss, frisch gerieben
Salz

ZUBEREITUNG

Den Tafelspitz in einen großen Topf legen und vollständig mit reichlich kaltem Wasser bedecken. Dann langsam zum Kochen bringen. Den aufsteigenden Schaum abtragen und entsorgen. Den Tafelspitz zugedeckt 1 Stunde köcheln lassen, dabei darauf achten, dass das Fleisch immer komplett mit Wasser bedeckt ist.

Die Zwiebeln samt der Schale vierteln. Die Petersilienwurzeln schälen und den Lauch putzen. Beides in große Stücke schneiden. Das gesamte Gemüse, das Suppengrün, etwas frisches Liebstöckel und die Gewürze zugeben. Den Tafelspitz etwa 3 Stunden sanft köcheln lassen, bis das Fleisch weich ist. Danach die Suppe abseihen und mit Salz abschmecken. Den Tafelspitz in kaltes Wasser legen und so abkühlen lassen, danach bis zum Gebrauch in kaltem Wasser aufbewahren.

TIPP
Ein Rezept für *Tafelspitz, Rösti, Cremespinat, Schnittlauchsauce, Apfelkren* steht auf Seite 208.

FRITTATEN

BUTTERNOCKERL

FLEISCHSTRUDEL

LEBERKNÖDEL

KASPRESSKNÖDEL

FRITTATEN

FÜR DIE FRITTATEN
75 g glattes Weizenmehl
185 ml Milch
2 Eier
75 g flüssige Butter
25 ml Sonnenblumenöl
Salz
Pfeffer
Muskatnuss, frisch gerieben
fein gehackte Kräuter (optional, nach Belieben)

ZUBEREITUNG
Das Weizenmehl, die Milch, die Eier, die flüssige
Butter und das Sonnenblumenöl zu einem glatten Teig
verrühren und mit Salz, Pfeffer und frisch geriebener
Muskatnuss würzen. Gehackte Kräuter untermengen.

Den Teig portionsweise in einer Pfanne beidseitig
dünn und goldgelb ausbacken. Danach abkühlen lassen
und in feine Streifen schneiden.

Die Frittaten in heißer klarer Rindsuppe servieren.

BUTTERNOCKERL

FÜR DIE BUTTERNOCKERL
2 Eier
50 g weiche Butter
Salz
50 g griffiges Weizenmehl

ZUBEREITUNG
Die Eier trennen. Das Eigelb mit der weichen Butter
schaumig aufschlagen. Das Eiweiß mit einer Prise Salz zu
Schnee schlagen und locker unter die Buttermasse heben.
Zum Schluss das griffige Weizenmehl untermengen.

Den Nockerlteig 1 Stunde zum Quellen kalt stellen.
Danach mit einem Teelöffel kleine Nockerl abstechen
und diese 1 Stunde einfrieren.

Die gefrorenen Butternockerl in reichlich leicht ge-
salzenes kochendes Wasser geben und etwa 8 Minuten
sanft köcheln lassen. Die Butternockerl aus dem Kochwasser schöpfen und in Eiswasser abschrecken.

Vor dem Anrichten in der heißen Rindsuppe erwärmen.

FLEISCHSTRUDEL

FÜR DIE FLEISCHMASSE
50 g Knollensellerie, geschält
50 g Karotten, geschält
50 g Zwiebeln, geschält
20 g Pflanzenöl
10 g frische Petersilie, gehackt
200 g gekochtes Rindfleisch oder Bratenreste
2 Eier
2 Knoblauchzehen, gehackt
Salz
Pfeffer

FÜR DEN STRUDEL
2 Blätter Strudelteig, aus dem Kühlregal
100 g flüssige Butter
1 Ei, zum Bestreichen

ZUBEREITUNG
Den Knollensellerie und die Karotten mit der Rohkostreibe grob raspeln und anschließend fein würfeln.
Die Zwiebeln fein hacken. Das Gemüse im Pflanzenöl
anschwitzen und abkühlen lassen. Danach die gehackte
Petersilie untermengen. Das Rindfleisch faschieren oder
fein hacken und mit den Eiern vermischen. Die Fleischmasse mit gehacktem Knoblauch verfeinern und mit
Salz und Pfeffer abschmecken.

Die Strudelteigblätter auf je ein Geschirrtuch legen und
mit flüssiger Butter bestreichen. Die Fleischmasse auf
der unteren Hälfte des Strudelteigs verteilen, die seitlichen Ränder über die Füllung klappen und mithilfe
des Geschirrtuchs aufrollen.

Die Fleischstrudel mit dem Teigschluss nach unten
auf ein mit Backpapier belegtes Backblech geben und
mit verquirltem Ei bestreichen. Anschließend im
vorgeheizten Backofen bei 200 °C etwa 15–20 Minuten
goldbraun backen.

Den Fleischstrudel in dicke Stücke schneiden und
mit der heißen Rindsuppe servieren.

LEBERKNÖDEL

FÜR DIE LEBERKNÖDEL
125 g Knödelbrot
50 ml kalte Milch
125 g frische Kalbs- oder Schweineleber, faschiert
50 g feine Zwiebelwürfel, in Butter angeschwitzt
2–3 frische Petersilienstängel
1 Ei
50 g flüssige Butter
etwas Knoblauch, frisch gehackt
etwas gerebelter Majoran
Salz
Pfeffer

ZUM AUSBACKEN
2 l Sonnenblumenöl

ZUBEREITUNG
Das Knödelbrot mit der Milch übergießen und einweichen lassen. Die faschierte Leber zugeben und
locker vermengen. Die angeschwitzten Zwiebeln, die
fein gehackten Petersilienstängel, das Ei und die flüssige
Butter zugeben. Alles vermengen und mit gehacktem
Knoblauch, gerebeltem Majoran, Salz und Pfeffer
abschmecken.

Aus der Knödelmasse mit nassen Händen kleine Knödel
(à 50 g) formen.

Zum Ausbacken das Sonnenblumenöl auf 170 °C
erhitzen und darin die Leberknödel goldbraun ausbacken. Die Leberknödel aus dem heißen Öl schöpfen,
kurz abtropfen lassen und im vorgeheizten Backofen
bei 180 °C 5 Minuten fertig garen.

KASPRESSKNÖDEL

FÜR DIE KASPRESSKNÖDEL
125 g Knödelbrot
125 ml kalte Milch
Salz
Pfeffer
Muskatnuss, frisch gerieben
1 Ei
30 g feine Zwiebelwürfel, in Butter angeschwitzt
150 g Bierkäse
40 g flüssige Butter

ZUM AUSBACKEN
100 ml Sonnenblumenöl
50 g Butter

ZUM SERVIEREN
frischer Schnittlauch

ZUBEREITUNG
Das Knödelbrot mit der kalten Milch übergießen
und einweichen lassen. Etwas Salz, Pfeffer und
frisch geriebene Muskatnuss zugeben. Das Ei, die
angeschwitzten Zwiebeln und den fein gewürfelten
Bierkäse zugeben und vermengen. Zum Schluss
die flüssige Butter zugeben und untermengen.

Aus der Knödelmasse mit nassen Händen Laibchen
(à 60 g) formen.

Das Sonnenblumenöl und die Butter in einer Pfanne
erhitzen und darin die Kaspressknödel von beiden
Seiten goldbraun braten. Danach im vorgeheizten Backofen bei 180 °C 5 Minuten fertig garen.

Die Kaspressknödel in der heißen Rindsuppe servieren
und mit fein geschnittenem Schnittlauch bestreuen.

BÄRLAUCH-
SCHAUMSUPPE

SPARGEL-
CREMESUPPE

PARMESAN-
SCHAUMSUPPE

FRISCHKÄSE-
CROSTINI

GARNELEN-
TEMPURA

PARMESAN-
CHIPS

KREN-
SCHAUMSUPPE

KÜRBIS-
SCHAUMSUPPE

PARASOL-
SCHAUMSUPPE

PROSCIUTTO-
CHIPS

CRACKER

PARASOLTATAR

BÄRLAUCHSCHAUMSUPPE, FRISCHKÄSE-CROSTINI

FÜR DIE BÄRLAUCHSCHAUMSUPPE

600 ml Grundsuppe
  (siehe Grundrezept auf Seite 234)
6 EL Bärlauchpesto
  (siehe Grundrezept auf Seite 231)
100 ml kaltes flüssiges Obers
50 g kalte Butter
Salz
8 Blätter frischer Bärlauch

FÜR DIE FRISCHKÄSE-CROSTINI

1 Scheibe Toastbrot
etwas Sonnenblumenöl, zum Rösten
125 g Frischkäse
1 EL Bärlauchpesto
Salz
Pfeffer
10 Blätter frischer Bärlauch

ZUM ANRICHTEN

Erdäpfelchips
  (siehe Grundrezept auf Seite 232)
frische Bärlauchblätter

ZUBEREITUNG

Für die Bärlauchschaumsuppe die Grundsuppe aufkochen. Das Bärlauchpesto, das kalte flüssige Obers und die kalte Butter zugeben und alles zusammen schaumig aufmixen. Die Suppe mit Salz abschmecken und nicht mehr kochen lassen. Zum Schluss den fein geschnittenen Bärlauch unterrühren und gleich anrichten.

Zwischenzeitlich die Toastbrotscheibe entrinden und in etwas Sonnenblumenöl beidseitig knusprig braten. Danach auf Küchenpapier abkühlen lassen.

Den Frischkäse mit dem Bärlauchpesto glatt rühren und mit Salz und Pfeffer abschmecken. Die fein geschnittenen Bärlauchblätter unterrühren und in einen Spritzbeutel füllen.

Die Frischkäsecreme auf das geröstete Toastbrot spritzen und mit Erdäpfelchips und Bärlauchspitzen garnieren. Dann zur Bärlauchschaumsuppe servieren.

SPARGELCREMESUPPE, GARNELENTEMPURA

FÜR DIE SPARGELCREMESUPPE

300 g weißer Spargel
50 g Butter
800 ml Grundsuppe
   (siehe Grundrezepte auf Seite 234)
Salz

FÜR DIE GARNELENTEMPURA

8 rohe Garnelen, geschält
Salz
100 g Tempurateig-Mix
eiskaltes Wasser
500 ml Sonnenblumenöl, zum Frittieren
1 Scheibe Toastbrot
50 g Butter
50 ml Sonnenblumenöl
80 g Erdäpfelpüree
   (siehe Grundrezept auf Seite 233)

ZUBEREITUNG

Für die Spargelcremesuppe den Spargel sorgfältig schälen und das untere Ende abschneiden. Die Spargelstangen in Scheiben schneiden und in der Butter farblos anschwitzen. Dann mit der Grundsuppe aufgießen und etwa 20 Minuten köcheln lassen. Anschließend fein mixen und passieren. Die Spargelcremesuppe mit Salz abschmecken und schaumig aufmixen.

Für die Garnelentempura die Garnelen säubern und mit Salz würzen. Den Tempurateig-Mix nach Verpackungsanweisung mit eiskaltem Wasser anrühren. Das Sonnenblumenöl auf 170 °C erhitzen. Die Garnelen einzeln durch den Tempurateig ziehen und im heißen Sonnenblumenöl goldgelb frittieren. Danach auf Küchenpapier kurz abtropfen lassen.

Zwischenzeitlich das Toastbrot entrinden und in vier Stücke schneiden. Dann in der Butter und im Sonnenblumenöl beidseitig knusprig braten. Das geröstete Toastbrot auf Küchenpapier abkühlen lassen.

Je zwei Tupfen Erdäpfelpüree auf das geröstete Toastbrot spritzen und je eine Garnele daraufsetzen. Dann zur Spargelcremesuppe servieren.

PARMESANSCHAUMSUPPE, PARMESANCHIPS

FÜR DIE PARMESANSCHAUMSUPPE
800 ml Grundsuppe
   (siehe Grundrezepte auf Seite 234)
100 ml Weißwein
200 g frischer Parmesan am Stück,
   mindestens 6 Monate gereift
Salz
Pfeffer
50 g kalte Butter

FÜR DIE PARMESANCHIPS
50 g frischer Parmesan am Stück,
   mindestens 6 Monate gereift
1 Scheibe Toastbrot
50 g Butter
50 g Sonnenblumenöl
80 g Erdäpfelpüree
   (siehe Grundrezept auf Seite 233)

ZUM ANRICHTEN
Basilikum

ZUBEREITUNG

Für die Parmesanschaumsuppe die Grundsuppe aufkochen. Den Weißwein zugeben und kurz einköcheln lassen.

Den Parmesan grob reiben, unter die Suppe rühren und gleich vom Herd nehmen. Anschließend mit dem Stabmixer mixen und mit Salz und Pfeffer abschmecken. Zum Schluss die kalte Butter zugeben und schaumig mixen.

Zwischenzeitlich den Parmesan auf ein mit Backpapier belegtes Backblech fein reiben und im vorgchciztcn Backofen bei 160 °C kurz schmelzen. Das Backpapier vom heißen Backblech ziehen und die Parmesanchips aushärten lassen.

Das Toastbrot entrinden und in vier Stücke schneiden. Dann in der Butter und im Sonnenblumenöl beidseitig knusprig braten. Das Toastbrot auf Küchenpapier abkühlen lassen.

Das warme Erdäpfelpüree auf das geröstete Toastbrot aufspritzen und mit Parmesanchips und Basilikum garnieren. Dann zur Parmesanschaumsuppe servieren.

KRENSCHAUMSUPPE, PROSCIUTTO-CHIPS

FÜR DIE KRENSCHAUMSUPPE

800 ml Grundsuppe
  (siehe Grundrezepte auf Seite 234)
4 EL Krenpaste, aus dem Glas
etwas gemahlener Kümmel
Salz

FÜR DIE PROSCIUTTO-CHIPS

8 Scheiben Prosciutto crudo
1 Scheibe Toastbrot
50 g Butter
50 g Sonnenblumenöl
80 g Erdäpfelpüree
  (siehe Grundrezepte auf Seite 233)

ZUM ANRICHTEN

frische Kräuter, z. B. Kerbel oder Majoran

ZUBEREITUNG

Für die Krenschaumsuppe die Grundsuppe aufkochen und vom Herd nehmen. Die Krenpaste und etwas gemahlenen Kümmel zugeben und mit Salz abschmecken. Zum Schluss schaumig mixen.

Die Prosciutto-Scheiben nebeneinander auf eine Lage Backpapier legen und im Backofen bei 160 °C etwa 10–12 Minuten trocknen lassen.

Das Toastbrot entrinden und in vier Stücke schneiden. Dann in der Butter und im Sonnenblumenöl beidseitig knusprig braten. Das Toastbrot auf Küchenpapier abkühlen lassen.

Das warme Erdäpfelpüree auf das geröstete Toastbrot aufspritzen und mit Prosciutto-Chips und Kräutern garnieren. Dann zur Krenschaumsuppe servieren.

TIPP

Nehmen Sie die Suppe unbedingt vom Herd, bevor Sie die Krenpaste zugeben. Sie sollte nicht mehr kochen, da der Kren sonst bitter wird.

KÜRBISSCHAUMSUPPE, CRACKER

FÜR DIE KÜRBISSCHAUMSUPPE
300 g Kürbis, z. B. Hokkaido,
   Muskatkürbis (siehe Tipp)
100 g Zwiebeln, fein gewürfelt
50 g Butter
1 EL Tomatenmark
1 EL geräuchertes Paprikapulver
600 ml Gemüsefond
   (siehe Grundrezept auf Seite 233)
400 ml Obers
Salz
Pfeffer
gemahlener Kümmel

FÜR DIE CRACKER
1 Scheibe Toastbrot
50 g Butter
50 g Olivenöl
80 g Verhackerts
   (herzhafter Schmalzaufstrich)

ZUM ANRICHTEN
geröstete Kürbiskerne
frische Kräuter, nach Belieben

ZUBEREITUNG

Den Kürbis schälen (nur Hokkaido muss nicht geschält werden), entkernen und in Stücke schneiden. Die Zwiebeln und den Kürbis in der Butter anschwitzen. Das Tomatenmark und das geräucherte Paprikapulver zugeben und sehr kurz mitrösten. Dann mit dem Gemüsefond ablöschen und aufkochen. Das Obers zugießen und mit Salz, Pfeffer und gemahlenem Kümmel abschmecken. Die Suppe etwa 20 Minuten köcheln lassen. Dann fein mixen und durch ein Sieb passieren. Kurz vor dem Anrichten schaumig aufmixen und noch einmal abschmecken.

Für die Cracker das Toastbrot entrinden und in vier Stücke schneiden. Anschließend in der Butter und im Olivenöl beidseitig anrösten und auf Küchenpapier abkühlen lassen. Vor dem Anrichten je zwei kleine Nocken Verhackerts auf dem gerösteten Toastbrot anrichten.

Die Cracker mit gerösteten Kürbiskernen und frischen Kräutern garnieren und zur Kürbisschaumsuppe reichen.

TIPP
Nur der Hokkaidokürbis kann mit Schale gekocht werden; bei den anderen Sorten, wie beispielsweise dem Muskatkürbis, sollte man die Schale entfernen, da die Suppe sonst bitter wird.

PARASOLSCHAUMSUPPE, PARASOLTATAR

FÜR DIE PARASOLSCHAUMSUPPE

300 g frische Parasolpilze
50 g Butter
100 ml Weißwein
800 ml Grundsuppe
   (siehe Grundrezept auf Seite 234)
Salz
weißer Pfeffer

FÜR DAS PARASOLTATAR

2 EL Butter
50 g Zwiebeln, fein gewürfelt
100 g frische Parasolpilze, geputzt
Salz
50 g Crème fraîche
1 EL frische Petersilie, gehackt
1 Scheibe Toastbrot, nach Belieben
etwas Sonnenblumenöl

ZUM ANRICHTEN

frische Petersilie

ZUBEREITUNG

Für die Parasolschaumsuppe die geputzten Parasolpilze klein schneiden und in der Butter schwitzen. Dann mit dem Weißwein ablöschen und vollkommen einköcheln. Die Grundsuppe aufgießen und aufkochen. Die Suppe mit Salz und weißem Pfeffer würzen und 20 Minuten köcheln lassen. Danach fein mixen und noch einmal abschmecken. Vor dem Anrichten schaumig mixen.

Für das Parasoltatar etwas Butter erhitzen und darin die fein gewürfelten Zwiebeln farblos anschwitzen. Danach abkühlen lassen. Die geputzten Parasolpilze fein würfeln und in etwas Butter farblos anschwitzen und leicht salzen. Dann ebenfalls abkühlen lassen. Die Crème fraîche mit den Pilzen, den Zwiebeln und der gehackten Petersilie vermengen und mit Salz abschmecken.

Nach Belieben das Toastbrot entrinden und in etwas Butter und etwas Sonnenblumenöl beidseitig rösten. Dann auf Küchenpapier abkühlen lassen.

Je eine Nocke Parasoltatar auf dem gerösteten Toastbrot anrichten und nach Belieben mit frischer Petersilie garnieren. Dann zur Parasolschaumsuppe reichen.

TIPP
Das Parasoltatar kann auch auf einem Löffel angerichtet und serviert werden.

HAUPT

SPEISEN

CHINAKOHL, SELLERIE, PILZE

FÜR DAS SELLERIEPÜREE
300 g Knollensellerie, geschält
80 g Zwiebeln, fein gewürfelt
300 ml Obers
Salz
Pfeffer
frisch geriebene Muskatnuss
50 g kalte Butter

**FÜR DEN GESCHMORTEN
CHINAKOHL**
2 kleine Chinakohl
2 EL Sesamöl
2 EL Sojasauce
200 ml Gemüsefond
    (siehe Grundrezept auf Seite 233)

FÜR DIE PILZE
200 g frische gemischte Speisepilze der Saison,
    z. B. Steinpilze, Buchenpilze, Champignons,
    Kräuterseitlinge
2 EL Olivenöl
30 g Butter
Salz
Pfeffer

ZUM ANRICHTEN
frittierte Knollenselleriechips
    (siehe Grundrezept *Erdäpfelchips* auf Seite 232)
frische Kräuter nach Wahl, z. B. Salbei,
    Zitronenverbene, Blutampfer, Rucola
Kräuteröl zum Beträufeln, nach Belieben

ZUBEREITUNG

Für das Selleriepüree den Knollensellerie klein schneiden
und zusammen mit den Zwiebeln und dem Obers aufkochen.
Mit Salz, Pfeffer und frisch geriebener Muskatnuss würzen und
etwa 30 Minuten köcheln lassen, bis der Sellerie sehr weich
gegart ist. Den gesamten Topfinhalt in einen Mixer füllen und
fein pürieren. Zum Schluss die kalte Butter untermixen und
nochmals abschmecken.

Den Chinakohl längs halbieren und mit der Schnittfläche nach
oben in eine kleine ofenfeste Form legen. Dann mit Sesamöl
und Sojasauce beträufeln. Mit Gemüsefond aufgießen und im
vorgeheizten Backofen etwa 20–25 Minuten schmoren lassen.

Die Pilze putzen und in Stücke teilen. Das Olivenöl in einer
Pfanne erhitzen und darin die Speisepilze kurz und scharf
anbraten. Die Butter zugeben und alles gut durchschwenken
und sautieren. Zum Schluss mit Salz und Pfeffer würzen.

Das Selleriepüree mittig auf Teller verteilen und je eine Hälfte
geschmorten Chinakohl darauflegen. Darauf die sautierten
Pilze anrichten. Nach Belieben mit Knollenselleriechips und
Kräuterblättern garnieren. Zum Schluss etwas Kräuteröl
rundherumträufeln.

MELANZANI, EIERSCHWAMMERL, SESAM

FÜR DIE MELANZANI
2 kleine Melanzani (Auberginen)
Salz
50 g weiche Butter

FÜR DIE EIERSCHWAMMERL
150 g frische Eierschwammerl
1 EL Sonnenblumenöl
10 g Butter
Salz
Pfeffer

FÜR DIE SESAM-MAYONNAISE
3 EL Tahin (Sesampaste)
100 ml Sesamöl
100 ml Sonnenblumenöl
Salz
Pfeffer
Cayennepfeffer
frisch gepresster Zitronensaft

ZUM ANRICHTEN
1–2 EL helle und dunkle Sesamsamen,
   kurz in der Pfanne geröstet
frische Sprossen und Kräuter nach Wahl,
   z. B. Sojasprossen, Radieschensprossen,
   Erbsenkresse

ZUBEREITUNG

Die Melanzani längs halbieren und die Enden großzügig abschneiden. Das Fruchtfleisch mit einem spitzen Messer kreuzweise einschneiden und mit Salz würzen. Etwas ruhen lassen und danach abtupfen. Die Melanzani mit der Schnittfläche nach oben in eine ofenfeste Pfanne setzen und mit weicher Butter bestreichen. Anschließend im vorgeheizten Backofen bei 150 °C etwa 10 Minuten schmoren lassen, bis das Auberginenfleisch weich ist.

Die Eierschwammerl putzen. Das Sonnenblumenöl und die Butter in einer Pfanne erhitzen und darin die Eierschwammerl kurz und scharf anbraten. Die sautierten Pilze mit Salz und Pfeffer würzen.

Für die Sesam-Mayonnaise das Tahin glatt rühren. Dann nach und nach das Sesamöl und das Sonnenblumenöl in einem dünnen Strahl zugeben und stetig mit einem Schneebesen aufschlagen, bis eine Emulsion entsteht. Die Sesam-Mayonnaise mit Salz, Pfeffer, Cayennepfeffer und frisch gepresstem Zitronensaft abschmecken.

Die geschmorten Melanzani-Hälften auf Teller setzen. Darauf die sautierten Eierschwammerl anrichten und mit geröstetem Sesam bestreuen. Reichlich Sesam-Mayonnaise darauf verteilen und mit frischen Sprossen und Kräutern garnieren.

MORCHELRAHMNUDELN, SPARGEL

FÜR DEN NUDELTEIG
400 g griffiges Weizenmehl
4 Eier
50 g Olivenöl
griffiges Weizenmehl, zum Arbeiten
Salz
etwas Olivenöl, zum Durchschwenken

FÜR DEN SPARGEL
16 Stangen weißer Spargel
2 l Wasser
Salz
Zucker

FÜR DIE MORCHELRAHMSAUCE
100 g Zwiebeln, fein gewürfelt
50 g Butter
32 frische Speisemorcheln, ersatzweise
   in Wasser eingeweichte getrocknete
   Speisemorcheln
100 ml Weinbrand
Salz
Pfeffer aus der Mühle
1 Knoblauchzehe
200 ml helle Grundsauce
   (siehe Grundrezept auf Seite 234)
200 ml Kalbsjus
   (siehe Grundrezept auf Seite 235)
200 ml Obers

ZUM ANRICHTEN
feine Kräuterspitzen

ZUBEREITUNG

Für den Nudelteig das griffige Weizenmehl, die Eier und das Olivenöl zu einem glatten, geschmeidigen Teig verkneten und zugedeckt kurz ruhen lassen. Den Nudelteig portionsweise mit einer Nudelmaschine oder mit einem Nudelholz zu hauchdünnen Bahnen ausrollen. Die Teigbahnen aufrollen und in dünne Streifen schneiden. Die Bandnudeln mit etwas griffigem Weizenmehl bestreuen und zu Nestern formen. Die Nudelnester zeitnah in reichlich kochendem Salzwasser etwa 1 Minute kochen, dann abgießen und in etwas Olivenöl durchschwenken.

Die Spargelstangen sorgfältig schälen und die unteren Enden abtrennen. Das Wasser aufkochen und mit Salz und Zucker gut abschmecken. Die Spargelstangen 1 Minute kochen, dann abgießen und den Spargelfond auffangen. 220 ml heißen Spargelfond abmessen und darin die Spargelstangen 15 Minuten ziehen lassen.

Für die Morchelrahmsauce die Zwiebeln in der Butter farblos anschwitzen. Die geputzten Speisemorcheln zugeben und ebenfalls anschwitzen. Dann mit dem Weinbrand ablöschen und mit Salz, Pfeffer und etwas gehacktem Knoblauch würzen. Die Grundsauce, die Kalbsjus und das Obers zugießen und sämig einköcheln. Die Speisemorcheln herausnehmen und die Sauce schaumig mixen.

Die Spargelstangen auf Tellern anrichten. Die Nudeln aufwickeln und quer über die Spargelstangen legen. Die Speisemorcheln verteilen und die aufgeschäumte Morchelrahmsauce über die Nudeln gießen. Zum Schluss mit feinen Kräuterspitzen garnieren.

OFENKÜRBIS, SANDDORN, TOPINAMBUR

FÜR DEN OFENKÜRBIS

1 kg Muskatkürbis, geschält
5 Topinamburen
10 frische Champignons
100 g Zwiebeln, geschält
etwas Olivenöl
etwas Distelöl
Salz
Pfeffer
frisch geriebene Muskatnuss

FÜR DEN SANDDORNFOND

100 g Zwiebeln, geschält
200 g mehlige Erdäpfel, geschält
1 EL Pflanzenöl
300 ml Gemüsefond
   (siehe Grundrezept auf Seite 233)
100 g Sanddornmark
Salz
frisch geriebene Muskatnuss
etwas Honig

ZUM ANRICHTEN

Topinambur-Chips
   (siehe Grundrezept *Erdäpfelchips*
   auf Seite 232)
Blutampfer oder andere Kräuter
   und Sprossen, nach Wahl
eingelegte Sanddornbeeren,
   nach Belieben

ZUBEREITUNG

Den Muskatkürbis putzen und in dicke Spalten schneiden.
Die Topinamburen gründlich abbürsten, waschen und vierteln.
Die Champignons putzen und vierteln. Die Zwiebeln in dicke
Spalten schneiden. Das Gemüse auf einem Backblech verteilen
und mit etwas Olivenöl und etwas Distelöl beträufeln. Dann mit
Salz, Pfeffer und etwas frisch geriebener Muskatnuss würzen.

Das gemischte Ofengemüse im vorgeheizten Backofen bei
160 °C etwa 25 Minuten schmoren lassen.

Für den Sanddornfond die geschälten Zwiebeln fein würfeln.
Die geschälten Erdäpfel ebenfalls würfeln. Beides im Pflanzenöl
anschwitzen und mit dem Gemüsefond auffüllen. Das Sanddornmark zugeben und alles zugedeckt weich köcheln lassen.
Den Sanddornfond durch ein feines Sieb abtropfen lassen
und mit Salz, frisch geriebener Muskatnuss und etwas Honig
abschmecken.

Den Ofenkürbis, die Zwiebeln und die Topinambur-Viertel auf
Tellern anrichten und mit Topinambur-Chips und Blutampfer
garnieren. Nach Belieben eingelegte Sanddornbeeren darübergeben. Zum Schluss den warmen Sanddornfond angießen und
servieren.

GEBRANNTER LAUCH, TEMPURAPILZE, RUCOLA

FÜR DEN GEBRANNTEN LAUCH

400 g geputzte Lauchstangen,
  in 4 gleich großen Stücken
80 g flüssige Butter
Salz
Pfeffer

FÜR DIE SOJA-MAYONNAISE

2 EL Sojasauce
2 EL Xanthan
200 ml Sonnenblumenöl
etwas frisch gepresster Zitronensaft

FÜR DIE TEMPURAPILZE

250 g gemischte Speisepilze,
  z. B. Steinpilze, Kräuterseitlinge
Salz
Pfeffer
1 Packung Tempurateig-Mix
eiskaltes Wasser
500 ml Sonnenblumenöl, zum Frittieren

FÜR DEN FRITTIERTEN RUCOLA

50 g frischer Rucola
Sonnenblumenöl, zum Frittieren
Salz

ZUM ANRICHTEN

50 g frischer Rucola
gefriergetrocknete Tomaten- oder
  Paprikaflocken

ZUBEREITUNG

Für den gebrannten Lauch jede Portion separat auf eine Lage Alufolie legen und rundherum mit flüssiger Butter einstreichen. Dann mit Salz und Pfeffer würzen, einwickeln und im vorgeheizten Backofen bei 180 °C etwa 15–20 Minuten schmoren lassen, bis der Lauch gegart ist.

Für die Soja-Mayonnaise die Sojasauce, das Xanthan und das Sonnenblumenöl in den Mixer füllen und zu einer Emulsion mixen. Die Mayonnaise mit frisch gepresstem Zitronensaft abschmecken und am besten in einen kleinen Kunststoffspritzbeutel füllen.

Für die Tempurapilze die Pilze putzen, in grobe Stücke teilen und mit Salz und Pfeffer würzen. Den Tempurateig-Mix nach Verpackungsanweisung mit eiskaltem Wasser anrühren. Das Sonnenblumenöl auf 170 °C erhitzen. Die Pilze nach und nach durch den flüssigen Tempurateig ziehen und im heißen Öl knusprig frittieren. Die Tempurapilze kurz auf Küchenpapier abtropfen lassen.

Für den frittierten Rucola das Sonnenblumenöl (von den Tempurapilzen) noch mal auf 170 °C erhitzen und darin den Rucola kurz frittieren. Dann herausschöpfen, kurz auf Küchenpapier abtropfen lassen und leicht mit Salz bestreuen.

Den gebrannten Lauch auf vier Teller legen und darauf die knusprigen Tempurapilze anrichten. In die Zwischenräume etwas Soja-Mayonnaise spritzen. Zum Schluss mit frischem und frittiertem Rucola garnieren und nach Belieben mit einigen gefriergetrockneten Tomaten- oder Paprikaflocken bestreuen.

TIPP

Größere Pilze mit fester Konsistenz sind am besten für das Gericht geeignet, da sie sich besser durch den Ausbackteig ziehen lassen. Austernpilze oder kleine Eierschwammerl eignen sich weniger.

TAGLIATELLE, ALBA-TRÜFFEL

FÜR DEN NUDELTEIG
300 g griffiges Weizenmehl
3 Eier
30 g Olivenöl
etwas griffiges Weizenmehl, zum Arbeiten
Salz

FÜR DIE SAUCE
250 ml helle Grundsauce
  (siehe Grundrezept auf Seite 234)
50 g kalte Butter
50 g kaltes Obers
Salz

ZUM SERVIEREN
15 g frische Alba-Trüffel

ZUBEREITUNG

Für den Nudelteig das griffige Weizenmehl, die Eier und das Olivenöl zu einem glatten, geschmeidigen Teig verkneten und zugedeckt kurz ruhen lassen. Den Nudelteig portionsweise mit einer Nudelmaschine oder mit einem Nudelholz zu hauchdünnen Bahnen ausrollen. Die Teigbahnen aufrollen und in ca. 0,5 cm dünne Streifen schneiden. Die Tagliatelle mit etwas griffigem Weizenmehl bestreuen und auflockern.

440 g Tagliatelle in reichlich kochendem Salzwasser etwa 1 Minute kochen, dann abgießen.

Für die Sauce die helle Grundsauce aufkochen. Die kalte Butter und das kalte flüssige Obers zugeben und mit dem Stabmixer schaumig mixen. Zum Schluss mit Salz abschmecken.

Die frisch abgetropften Tagliatelle zu Nestern drehen und mittig in tiefen Tellern anrichten. Dann mit reichlich schaumiger Sauce übergießen und frische Alba-Trüffel hauchdünn darüberhobeln.

JAKOBSMUSCHELN, KAVIAR, ARTISCHOCKEN, LINSEN, RÄUCHERAAL

FÜR DIE BALSAMICO-LINSEN

300 g Berglinsen
Salz
50 g Zwiebelpaste
    (siehe Grundrezept auf Seite 241)
50 g Wurzelgemüse, fein gewürfelt
    und blanchiert
½ EL Butter
etwas dunkler Balsamico
Salz
Pfeffer

FÜR DEN RÄUCHERAAL
UND DEN RÄUCHERFISCHFOND

120 g Räucheraalfilet, geputzt
Räucheraal-Karkassen und -haut
200 ml helle Grundsauce
    (siehe Grundrezept auf Seite 234)
1 EL Butter

FÜR DIE ARTISCHOCKEN

4 frische Artischockenböden, gekocht und geputzt
1 EL Butter
Salz

FÜR DIE JAKOBSMUSCHELN

4 große Jakobsmuscheln, ausgelöst
Salz
Pfeffer
1 EL Olivenöl
1 EL Butter

ZUM ANRICHTEN

50 g Kaviar
Basilikumspitzen

ZUBEREITUNG

Die Berglinsen einige Stunden in reichlich kaltem Wasser
einweichen. Das Einweichwasser abgießen. Die Linsen mit
reichlich frischem Wasser aufkochen, leicht salzen und etwa
30 Minuten gar köcheln. Anschließend abgießen. Die Zwiebelpaste, das Wurzelgemüse und die Butter erhitzen und kurz
andünsten. Die Linsen zugeben und erhitzen. Dann mit etwas
Balsamico verfeinern und mit Salz und Pfeffer abschmecken.

Das Räucheraalfilet enthäuten und putzen. Die Räucheraal-
Karkassen und die abgezogene Haut zusammen mit der
Grundsauce einmal aufkochen und etwa 30 Minuten ziehen
lassen. Danach durch ein feines Sieb passieren und schaumig
mixen. Das Räucheraalfilet in vier Portionen teilen und in
etwas geschmolzener Butter sanft erwärmen.

Die Artischockenböden in der Butter rundherum anbraten,
anschließend salzen.

Die Jakobsmuscheln beidseitig mit Salz und Pfeffer würzen.
Das Olivenöl in einer Pfanne stark erhitzen. Die Jakobs-
muscheln hineinsetzen und die Butter zugeben. Auf beiden
Seiten kurz und sehr scharf anbraten.

Die Balsamico-Linsen auf tiefe Teller geben und darauf je
einen Artischockenboden platzieren. Je eine Jakobsmuschel
in den Artischockenboden setzen und mit Räucheraal belegen.
Darauf etwa Kaviar geben und mit Basilikumspitzen garnieren. Zum Schluss rundherum den schaumigen Räucherfisch-
fond angießen.

TIPP

Eine Anleitung zum Putzen der Artischocken finden Sie
auf Seite 204 beim Rezept *Madeira-Artischocken, Eigelb, Sellerie.*

HUMMERPALATSCHINKEN, SPINAT, HUMMERSCHAUM

FÜR DIE HÜHNERFARCE
100 g rohes Hühnerfleisch, ohne Haut
100 g Obers
1 Ei
Salz
Pfeffer

FÜR DIE HUMMER-PALATSCHINKEN
2 Palatschinken, Durchmesser 25 cm
 (siehe Grundrezept auf Seite 237)
Hühnerfarce
einige blanchierte Spinatblätter
320 g frischer Hummer (Schwanz, Schere,
 Gelenk), ausgelöst und gesäubert
2 Eier zum Panieren
Kräuterbrösel (siehe Teilrezept)
2 EL Olivenöl
1 EL Butter

FÜR DIE GRÜNEN KRÄUTERBRÖSEL
5 Scheiben Toastbrot
½ Bund frische Petersilie

FÜR DEN SPINAT
200 g frischer Babyspinat
3 EL Zwiebelpaste
 (siehe Grundrezept auf Seite 241)
3 EL Wurzelgemüse,
 fein gewürfelt und blanchiert
Salz
Pfeffer
frisch geriebene Muskatnuss

ANRICHTEN
200 ml geschäumte Hummersauce
 (siehe Grundrezept *Krustentierschaum* auf Seite 236,
 zubereitet mit Hummerkarkassen)

ZUBEREITUNG

Für die Hühnerfarce das Hühnerfleisch in Würfel schneiden, kurz anfrieren und mit dem flüssigen Obers, dem Ei, etwas Salz und Pfeffer sehr fein mixen. Die Hühnerfarce durch ein Sieb streichen und kalt stellen.

Die Palatschinken quadratisch zuschneiden und dünn mit Hühnerfarce bestreichen. Dann mit blanchierten Spinatblättern belegen und erneut mit etwas Hühnerfarce bestreichen. Das Hummerfleisch längs darauf verteilen. Die Zwischenräume mit Hühnerfarce auffüllen und straff aufrollen. Die Hummerrollen in Frischhaltefolie wickeln und die Enden straff verknoten. Anschließend etwa 30 Minuten kalt stellen. Dann die Rollen aus der Folie lösen und in je zwei Stücke schneiden. In verquirltem Ei wenden und in den Kräuterbröseln wälzen. Das Olivenöl und die Butter in einer Pfanne erhitzen und darin die Hummerpalatschinken rundherum knusprig anbraten. Danach im vorgeheizten Backofen bei 160 °C etwa 8 Minuten fertig garen.

Für die grünen Kräuterbrösel das Toastbrot und die Petersilie klein schneiden und sehr fein mixen. Die Kräuterbrösel auf einem Blech verteilen und gut trocknen lassen. Danach durch ein feines Sieb reiben.

Den Spinat waschen, verlesen und abtropfen lassen. Die Zwiebelpaste und das Wurzelgemüse in einer Pfanne erhitzen. Den Spinat zugeben und kurz durchschwenken. Dann mit Salz, Pfeffer und Muskatnuss abschmecken.

Den Babyspinat mittig auf den Tellern anrichten. Die Hummer-Palatschinken quer halbieren und hochkant auf dem Spinatbett anrichten. Den Hummerschaum rundherum angießen.

TIPP
Weil man selten nur zwei Palatschinken macht, empfehle ich, die restlichen zu Frittaten zu schneiden und einzufrieren. Hat man Lust auf eine wärmende Rindsuppe, ist die Einlage schnell aufgetaut. Das Rezept *Klare Rindsuppe* finden Sie auf Seite 236.

ROTGARNELE, FREGOLA SARDA, KRUSTENTIERSCHAUM

FÜR DIE FREGOLA SARDA
1 EL Olivenöl
1 EL Butter
50 g Schalotten, fein gewürfelt
120 g Fregola Sarda
200 ml Weißwein
200 ml Gemüsefond
 (siehe Grundrezept auf Seite 233)
100 ml Obers
100 g frisch geriebener Parmesan
Salz
Pfeffer
etwas frischer Koriander, gehackt

**FÜR DIE GESCHMORTEN
PARADEISER**
3 Tomaten in bunter Vielfalt
 (rot, gelb, grünfleischig)
Salz
1 EL Olivenöl
1 Zweig frischer Rosmarin

FÜR DIE ROTGARNELEN
16 rohe argentinische Rotgarnelen
Salz
Pfeffer
1 EL Olivenöl
1 EL Butter

ZUM ANRICHTEN
Krustentierschaum
 (siehe Grundrezept auf Seite 236)
frische Basilikumblätter

ZUBEREITUNG

Für die Fregola Sarda das Olivenöl und die Butter erhitzen und darin die Schalotten glasig anschwitzen. Die Fregola Sarda zugeben und kurz rösten. Dann mit dem Weißwein ablöschen und einköcheln. Den Gemüsefond aufgießen und köcheln lassen, bis die Pasta bissfest gegart ist. Zum Schluss das flüssige Obers und den frisch geriebenen Parmesan unterrühren. Die Fregola Sarda mit Salz und Pfeffer abschmecken und mit etwas gehacktem Koriander verfeinern.

Für die geschmorten Paradeiser die Tomaten in kochendem Salzwasser kurz blanchieren, in Eiswasser abschrecken und anschließend häuten. Die Tomaten vierteln und entkernen. Das Olivenöl erhitzen. Den Rosmarinzweig und die Tomaten zugeben und alles kurz anrösten. Dann durchschwenken und mit Salz würzen.

Die Rotgarnelen schälen und säubern. Das letzte Schwanzsegment nicht abtrennen. Die Rotgarnelen mit Salz und Pfeffer würzen. Das Olivenöl und die Butter erhitzen und darin die Rotgarnelen beidseitig anbraten.

Die Fregola Sarda auf tiefe Teller verteilen und darauf die geschmorten Paradeiser und die gebratenen Rotgarnelen anrichten. Zum Schluss mit etwas Krustentierschaum nappieren und mit Basilikum garnieren.

ANMERKUNG
Fregola Sarda ist – wie es der Name bereits verrät – eine sardische Spezialität. Im Unterschied zu »normalen« Teigwaren werden die Bällchen aus Hartweizengrieß im Ofen geröstet. Die kleinen Kugeln können als Risotto zubereitet werden, eignen sich als Minestrone-Einlage, als Salat, zu Muscheln und natürlich als Teigwarengericht.

OKTOPUSGRÖSTL

FÜR DAS RÖSTGEMÜSE

200 g gemischte Paprikaschoten
 (rot, gelb, grün)
100 g Jungwiebeln
200 g Kirschtomaten oder Tomaten-Viertel
200 g speckige Erdäpfel,
 vorgekocht in der Schale
Olivenöl, zum Braten
Salz
Pfeffer

FÜR DEN OKTOPUS

600 g vorgegarter Oktopus, geputzt
Olivenöl, zum Braten
Salz

ZUM ANRICHTEN

4 EL Basilikumpesto
frische Basilikumblätter

ZUBEREITUNG

Die Paprikaschoten kurz in kochendem Wasser blanchieren, abschrecken und die Haut abziehen. Danach putzen und in grobe Würfel schneiden. Die Jungzwiebeln putzen und in grobe Stücke schneiden. Das gesamte Gemüse zur Seite stellen.

Die vorgekochten Erdäpfel pellen und in Würfel schneiden. Etwas Olivenöl in einer Pfanne erhitzen. Die Erdäpfel zugeben, mit Salz würzen und goldbraun und knusprig braten. Danach aus der Pfanne nehmen.

Etwas Olivenöl in die heiße Pfanne geben. Das Gemüse zugeben und scharf anrösten, dabei öfters durchschwenken. Zum Schluss mit Salz und Pfeffer abschmecken und sofort anrichten.

Inzwischen den vorgegarten Oktopus in grobe Stücke schneiden. Etwas Olivenöl in einer Pfanne erhitzen und darin den Oktopus etwa 5 Minuten beidseitig scharf und knusprig anbraten. Zum Schluss leicht mit Salz würzen.

Das Gemüse auf Teller verteilen und die knusprigen Erdäpfelwürfel darüber verteilen. Die knusprig gebratenen Oktopus-Stücke darauf anrichten und mit Basilikumpesto beträufeln. Zum Schluss mit frischem Basilikum garnieren.

TIPP

Oktopus gibt es bereits vorgegart im Handel zu kaufen. Zum Kochen eines rohen Oktopus den rohen Oktopus in einen Topf geben und mit reichlich kaltem Wasser bedecken. Zwei, drei Knoblauchzehen, etwas gewürfeltes Wurzelgemüse, einen Rosmarinzweig und etwas Salz zugeben. 1½–2½ Stunden sanft köcheln lassen, bis der Oktopus weich ist.

SAIBLINGSFILET, WEISSER SPARGEL, SCHNITTLAUCHSAUCE

FÜR DEN SPARGEL
8–12 Stangen weißer Spargel,
   je nach Größe
1–1,5 l Wasser
Salz
Zucker

FÜR DEN SAIBLING
600 g frisches Saiblingsfilet,
   küchenfertig, mit Haut
50 g Butter
100 ml Olivenöl
Salz

FÜR DIE SCHNITTLAUCHSAUCE
300 ml helle Grundsauce
   (siehe Grundrezept auf Seite 234)
1 Bund frischer Schnittlauch
Salz

ZUM ANRICHTEN
600 g Erdäpfelpüree
   (siehe Grundrezept auf Seite 233)
Erdäpfelchips
   (siehe Grundrezept auf Seite 232)
feine Schnittlauchhalme

ZUBEREITUNG

Die Spargelstangen sorgfältig schälen und die unteren Enden abtrennen. Das Wasser aufkochen und mit Salz und Zucker gut abschmecken. Die Spargelstangen 1 Minute kochen, dann abgießen und den Spargelfond auffangen. Die Spargelstangen in etwas erhitztem Spargelfond etwa 15 Minuten ziehen lassen.

Das Saiblingsfilet entgräten, säubern und in vier Portionen teilen. Die Butter zusammen mit dem Olivenöl erhitzen. Die Saiblingsfilets mit der Hautseite nach unten langsam knusprig und fertig braten. Zum Schluss mit Salz würzen.

Für die Schnittlauchsauce die helle Grundsauce einmal aufkochen. Den Schnittlauch fein schneiden und zugeben. Alles kurz schaumig mixen und mit Salz abschmecken.

Die Spargelstangen mittig auf die Teller legen und darauf die Saiblingsfilets anrichten. Rundherum große Tupfen Erdäpfelpüree spritzen und mit Erdäpfelchips und feinen Schnittlauchhalmen garnieren. Zum Schluss etwas schaumige Schnittlauchsauce auf die Teller geben.

Richtig gut essen ist das Motto von Andrea und Harald Huber.
Im Zentrum ihrer Philosophie steht die Symbiose aus Kochkunst und
Gastfreundschaft, aus Wirtshausgefühl und Topgastronomie.

Harald Hubers Küche bedeutet unverfälschten Genuss auf höchstem
Niveau. Vom klassischen Gebäck zur raffinierten Bouillabaisse,
vom herzhaften Wiener Schnitzel bis hin zu edlen Kaviargerichten.

ZANDERSTRUDEL, CHICORÉE, WEISSE PFEFFERSAUCE, PINIENKERNE

FÜR DIE ZANDERFARCE
100 g frisches Zanderfilet ohne Haut, entgrätet
130 g flüssiges Obers
1 Ei, kalt
Salz
Pfeffer
etwas Wermut, zum Abschmecken

FÜR DIE DUXELLES
100 g frische Champignons
50 g Zwiebeln, fein gewürfelt
etwas Butter
100 g Crème fraîche
Salz
Pfeffer

FÜR DEN ZANDERSTRUDEL
8 Strudelteigblätter (20 × 20 cm)
flüssige Butter, zum Bestreichen
320 g frisches Zanderfilet ohne Haut, entgrätet
Zanderfarce (siehe Teilrezept)
Duxelles (siehe Teilrezept)

FÜR DEN GESCHMORTEN CHICORÉE
4 Chicorée
Salz
Pfeffer
1 EL Pflanzenöl
3 EL Zwiebelpaste
   (siehe Grundrezept auf Seite 241)
200 ml Gemüsefond
   (siehe Grundrezept auf Seite 233)
2 EL Granatapfelsirup

FÜR DIE WEISSE PFEFFERSAUCE
200 ml helle Grundsauce
   (siehe Grundrezept auf Seite 234)
20 weiße Pfefferkörner

ZUM ANRICHTEN
40 g Pinienkerne, geröstet
frische Kräuterblättchen, z. B. Blutampfer, Kerbel

ZUBEREITUNG

Für die Zanderfarce das Zanderfilet würfeln und kurz kalt stellen. Danach in einen Universalmixer füllen. Das kalte Obers und das Ei zugeben und zu einer feinen Farce mixen. Die Zanderfarce durch ein Sieb streichen und mit Salz, Pfeffer und etwas Wermut abschmecken. Danach kalt stellen.

Für die Duxelles die Champignons putzen, fein würfeln und zusammen mit den feinen Zwiebelwürfeln in etwas Butter anschwitzen. Die Crème fraîche zugeben und alles zusammen zu einer Pilzpaste einköcheln. Zum Schluss mit Salz und Pfeffer abschmecken.

Für den Zanderstrudel die Strudelteigblätter mit flüssiger Butter bestreichen. Das Zanderfilet in kleine Filetstücke à ca. 20 g schneiden. Mittig etwas Zanderfarce geben, dann etwas Duxelles daraufgeben und mit einem Zanderfiletstück abschließen. Die Schichtung noch einmal wiederholen. Dann die Strudelteigblätter noch oben hin falten und die Enden miteinander verdrehen. Die Strudelsäckchen auf ein Backblech setzen und leicht mit Butter bestreichen. Anschließend im vorgeheizten Backofen bei 170 °C etwa 18 Minuten backen.

Für den geschmorten Chicorée den Chicorée längs halbieren und mit Salz und Pfeffer würzen. Das Pflanzenöl in einer Pfanne erhitzen. Die Chicorée-Hälften mit der Schnittfläche nach unten anbraten. Die Zwiebelpaste mit dem Gemüsefond vermischen und darübergießen. Den Granatapfelsirup darüberträufeln und alles zugedeckt weich schmoren. Zum Schluss noch einmal abschmecken.

Für die weiße Pfeffersauce die Grundsauce aufkochen. Die weißen Pfefferkörner grob zerstoßen, zufügen und etwa 15 Minuten ziehen lassen. Die Sauce passieren und schaumig aufmixen.

Die Zanderstrudel auf die Teller setzen. Daneben den geschmorten Chicorée anrichten und mit gerösteten Pinienkernen bestreuen. Zum Schluss mit etwas schaumiger weißer Pfeffersauce nappieren und mit Kräuterblättchen garnieren.

SEEZUNGE, LIMETTENPOLENTA, CURRY-VADOUVAN-SAUCE

FÜR DIE LIMETTENPOLENTA

30 g Zwiebelpaste
   (siehe Grundrezept auf Seite 241)
120 g weiße Polenta
1 l Gemüsefond
   (siehe Grundrezept auf Seite 233)
3 unbehandelte Limetten
100 g Parmesan, frisch gerieben
30 g kalte Butter
Salz

FÜR DIE CURRY-VADOUVAN-SAUCE

1 EL Pflanzenöl
50 g Lauch, fein gewürfelt
50 g Zwiebeln, fein gewürfelt
50 g frische Champignons, fein geschnitten
3 EL Vadouvan-Gewürzzubereitung
500 ml Gemüsefond
   (siehe Grundrezept auf Seite 233)
200 ml Obers
etwas Maisstärke, nach Bedarf

FÜR DIE SEEZUNGENRÖLLCHEN

8 Seezungenfilets ohne Haut, ca. 500 g
Salz
Pfeffer
1 EL Olivenöl
1 EL Butter

ZUM ANRICHTEN

etwas sautierter junger Blattspinat, nach Belieben

ZUBEREITUNG

Für die Limettenpolenta die Zwiebelpaste in einem Topf erhitzen und darin die Polenta kurz anschwitzen. Dann mit dem Gemüsefond aufgießen und aufkochen. Die Polenta gar köcheln. Die Schale der Limetten fein abreiben und den Saft auspressen. Beides unterrühren und zum Schluss den Parmesan und die kalte Butter unterrühren. Die Limetten-Polenta mit Salz abschmecken.

Für die Curry-Vadouvan-Sauce das Pflanzenöl erhitzen und darin den Lauch, die Zwiebeln und die Champignons farblos anschwitzen. Vadouvan zugeben und mit dem Gemüsefond aufgießen. Alles zusammen etwa 30 Minuten köcheln lassen. Danach fein mixen und durch ein Sieb passieren. Das Obers zugeben und einmal aufkochen. Die Sauce nach Bedarf mit etwas in kaltem Wasser angerührter Maisstärke leicht sämig binden. Vor dem Anrichten schaumig mixen.

Die Seezungenfilets säubern, trocken tupfen und mit Salz und Pfeffer würzen. Anschließend aufrollen und mit einem dünnen Holzstäbchen fixieren. Das Olivenöl und die Butter in einer Pfanne erhitzen. Die Seezungenröllchen hochkant hineinsetzen und langsam glasig braten.

Die Limettenpolenta mittig auf vier Teller geben und rund auseinanderstreichen. Nach Belieben etwas sautierten Blattspinat verteilen und je zwei Seezungenröllchen daraufsetzen. Zum Schluss die schaumige Curry-Vadouvan-Sauce angießen.

TIPP

Vadouvan ist eine Gewürzmischung auf Currybasis, die die Aromenvielfalt Indiens auf delikate Weise vereint. Anders als viele klassische Currys ist Vadouvan mild und verzichtet auf Chilischoten. Stattdessen entfaltet es seinen einzigartigen Geschmack durch aromatische schwarze Senfkörner und würzigen Knoblauch. Die leicht karamellisierten Zwiebeln, die vor dem Trocknen beinahe kandiert werden, verleihen der Mischung eine subtile Süße, die das Geschmacksprofil perfekt abrundet.

REINANKE VOM ATTERSEE, ERDÄPFEL, BRAUNE BUTTER

FÜR DIE ERDÄPFEL
400 g kleine speckige Erdäpfel
Salz
50 g Butter
3 EL frische gehackte Petersilie

FÜR DIE REINANKE
4 frische Reinanken vom Attersee,
   à 300 g, küchenfertig
Salz
Pfeffer
frisch gepresster Zitronensaft
200 g griffiges Weizenmehl
200 g Semmelbrösel
4 EL Olivenöl
50 g Butter
2 EL frische gehackte Petersilie

ZUM ANRICHTEN
Zitronenscheiben
gemischter Salat, nach Wahl

ZUBEREITUNG

Die Erdäpfel in Salzwasser gar kochen, abgießen und kurz ausdampfen lassen. Anschließend halbieren und in zerlassener Butter durchschwenken. Die Erdäpfel mit Salz würzen und zum Schluss die gehackte Petersilie zugeben.

Inzwischen die Reinanken säubern, trocken tupfen und mit Salz, Pfeffer und frisch gepresstem Zitronensaft würzen. Das griffige Weizenmehl mit den Semmelbröseln vermischen und die Fische darin beidseitig wälzen.

Das Olivenöl und die Butter in einer großen oder zwei kleineren Pfannen erhitzen. Die Reinanken bei mittlerer Hitze etwa 10–12 Minuten beidseitig anbraten und fertig garen. Die Fische herausnehmen und die gehackte Petersilie in die Bratbutter geben.

Die Reinanken mit den Erdäpfeln auf Tellern anrichten und mit der braunen Bratbutter beträufeln. Dazu eine Scheibe Zitrone reichen und separat einen gemischten Salat servieren.

GEFÜLLTES STUBENKÜKEN, RAHM-EIERSCHWAMMERL

FÜR DIE STUBENKÜKEN
2 Stubenküken, à ca. 600 g
300 g Semmelfüllung
    (siehe Grundrezept auf Seite 239)
Salz
Pfeffer
etwas weiche Butter

FÜR DIE RAHM-EIERSCHWAMMERL
300 g Zwiebeln, sehr fein gewürfelt
50 g Butter
400 g frische Eierschwammerl, geputzt
200 ml helle Grundsauce
    (siehe Grundrezept auf Seite 234)
100 ml Obers
Salz
Pfeffer
3 EL frische Petersilie, fein gehackt

ZUM ANRICHTEN
dunkle Geflügeljus
    (siehe Grundrezept auf Seite 232)
etwas helle Grundsauce, schaumig gemixt
    (siehe Grundrezept auf Seite 234)
frischer Kerbel

ZUBEREITUNG

Die Stubenküken entlang des Rückgrats sorgfältig von der Karkasse und den Knochen lösen, die Haut nicht abziehen. Die hohl ausgelösten Stubenküken auseinanderklappen. Mittig die Semmelfüllung geben und wieder zusammenklappen, sodass die Stubenküken wieder ihre ursprüngliche Form erhalten.

Die gefüllten Stubenküken rundherum mit Salz und Pfeffer würzen und auf je ein ausgebuttertes Aluschiffchen (siehe Tipp) setzen. Die Stubenküken im vorgeheizten Backofen bei 160 °C etwa 20 Minuten garen. Die Stubenküken quer aufschneiden.

Für die Rahm-Eierschwammerl die Zwiebeln in der Butter anschwitzen. Die Eierschwammerl zugeben und kurz anrösten. Dann mit der Grundsauce ablöschen und etwas einköcheln lassen. Das Obers zugeben und mit Salz und Pfeffer abschmecken. Zum Schluss die gehackte Petersilie unterrühren und etwa 2–3 Minuten sämig einköcheln.

Die Rahm-Eierschwammerl mittig auf den Tellern verteilen und darauf das gefüllte Stubenküken anrichten. Rundherum etwas dunkle Geflügeljus geben und mit etwas schaumiger Grundsauce nappieren. Zum Schluss mit frischem Kerbel garnieren.

TIPP
Aluschiffchen vorbereiten: Eine Lage Alufolie in mindestens doppelter Länge des gefüllten Stubenkükens abtrennen und die beiden Enden zur Mitte hin zusammenfalten. Anschließend die Alufolie mittig mit flüssiger Butter einpinseln und das Stubenküken daraufsetzen. Rundherum die Ränder zu einem hohen Rand umkrempeln und zu einem Schiffchen formen. Die Ränder und Ecken fest zusammendrücken, damit das Aluschiffchen formstabil bleibt und beim Braten der Schmorsaft und das Fett nicht austreten.

GEFÜLLTE PERLHUHNBRUST, MORCHELN, BÄRLAUCHRISOTTO

FÜR DIE HÜHNERFARCE
80 g rohe Hühnerbrust, ohne Haut
100 ml kaltes Obers
1 Eidotter
Gewürzsalz
Pfeffer aus der Mühle

FÜR DIE MORCHELN
50 g Zwiebeln, fein geschnitten (Brunoise)
30 g Butter
24 frische Speisemorcheln, ersatzweise in Wasser
   eingeweichte getrocknete Speisemorcheln
20 g Weinbrand
Salz, Pfeffer, 1 Knoblauchzehe
200 ml helle Grundsauce
   (siehe Grundrezept auf Seite 234)

FÜR DIE GEFÜLLTE PERLHUHNBRUST
4 ausgelöste Perlhuhnbrüste, mit Haut,
   am Flügelknochen (Supreme)
Hühnerfarce (siehe Teilrezept)
Morcheln (siehe Teilrezept)
Salz
2 EL Olivenöl, zum Anbraten

FÜR DAS BÄRLAUCHRISOTTO
30 g Olivenöl
160 g Risottoreis (Carnaroli oder Arborio)
100 ml Weißwein
300 ml heißer Gemüsefond
   (siehe Grundrezept auf Seite 233)
50 g kalte Butter
50 ml Obers
100 g frisch geriebener Parmesan
Salz
4 EL Bärlauchpesto
   (siehe Grundrezept auf Seite 231)

ZUM ANRICHTEN
frische Bärlauchblätter oder andere
   Kräuterblätter, zum Garnieren

ZUBEREITUNG

Für die Hühnerfarce die Hühnerbrust klein schneiden und mit dem kalten Obers und dem Eidotter fein mixen. Die Hühnerfarce mit Gewürzsalz und Pfeffer würzen und in einen Spritzbeutel füllen.

Für die Morcheln die Zwiebeln in der Butter farblos anschwitzen. Die geputzten Speisemorcheln zugeben und ebenfalls anschwitzen. Dann mit dem Weinbrand ablöschen und mit Salz, Pfeffer und etwas gehacktem Knoblauch würzen. Die Grundsauce zugießen und kurz einköcheln.

Die Perlhuhnbrüste auf der Fleischseite längs mit einem langen spitzen Messer tief einschneiden. Die Fleischtasche mit der Hühnerfarce sowie einigen gebratenen Morcheln füllen. Die restlichen Morcheln bis zum Anrichten in der Sauce warm halten. Die gefüllten Perlhuhnbrüste mit Salz würzen und auf der Hautseite in Olivenöl anbraten. Anschließend das Fleisch wenden und im vorgeheizten Backofen bei 160 °C je nach Größe etwa 8 Minuten fertig garen. Die Perlhuhnbrüste herausnehmen und 5 Minuten rasten lassen. Danach quer halbieren und anrichten.

Für das Bärlauchrisotto das Olivenöl in einem Topf erhitzen und darin den Risottoreis anschwitzen. Abwechselnd mit Weißwein und heißem Gemüsefond aufgießen und jeweils die Flüssigkeit einköcheln lassen, bis der Reis bissfest gegart ist. Dann die kalte Butter und das Obers unterrühren. Den frisch geriebenen Parmesan zugeben und cremig binden. Das Risotto mit Salz abschmecken. Zum Schluss das Bärlauchpesto unterrühren und gleich anrichten.

Das Bärlauchrisotto auf den Tellern verteilen und darauf die gefüllte Perlhuhnbrust anrichten. Rundherum die gebratenen Morcheln verteilen. Die restliche Morchelsauce aufschäumen und auf die Teller geben.

GESPICKTE PERLHUHNBRUST, TRÜFFEL, RAHMPOLENTA, JUNGZWIEBELN

FÜR DIE PERLHUHNBRUST
10 g Périgord-Trüffel
4 ausgelöste Perlhuhnbrüste, mit Haut,
   am Flügelknochen (Supreme)
Salz
Pfeffer
1 EL Olivenöl
1 EL Butter

FÜR DIE RAHMPOLENTA
20 g Zwiebelpaste
   (siehe Grundrezept auf Seite 241)
50 g feiner Polentagrieß
1 EL Butter, zum Anschwitzen
1 l Milch
Salz
Muskatnuss, frisch gerieben
50 g Parmesan, frisch gerieben
100 g kalte Butter

FÜR DIE JUNGZWIEBELN
8 frische Jungzwiebeln
1 EL Butter
100 ml Gemüsefond
   (siehe Grundrezept auf Seite 233)
Salz

ZUM ANRICHTEN
100 ml dunkle Geflügeljus
   (siehe Grundrezept auf Seite 232)
etwas Périgord-Trüffel

ZUBEREITUNG

Die Périgord-Trüffel in 0,5 cm breite Streifen schneiden. Die Perlhuhnbrüste mit einem spitzen Messer längs zwei- bis dreimal einstechen und mit je einen Streifen Périgord-Trüffel füllen. Dann rundherum mit Salz und Pfeffer würzen. Das Olivenöl und die Butter in einer Pfanne erhitzen. Die gespickten Perlhuhnbrüste mit der Hautseite nach unten hineinlegen und langsam goldgelb anbraten, dann wenden und auf der Fleischseite 1 Minute weiterbraten. Die Perlhuhnbrüste in den vorgeheizten Backofen schieben und bei 160 °C etwa 4 Minuten garen, danach bei 80 °C 15 Minuten ruhen lassen.

Für die Rahmpolenta die Zwiebelpaste und den Polentagrieß in der Butter anschwitzen. Dann mit der Milch aufgießen und mit Salz und frisch geriebener Muskatnuss würzen. Alles zusammen etwa 5–8 Minuten leicht köcheln lassen, dabei öfters umrühren. Den frisch geriebenen Parmesan und die kalte Butter zugeben und unterrühren. Die Rahmpolenta dabei nicht mehr kochen lassen. Danach noch einmal abschmecken.

Die Jungzwiebeln putzen und in längliche Stücke schneiden. Dann in der Butter anschwitzen und mit dem Gemüsefond ablöschen. Alles gut durchschwenken und glasieren. Zum Schluss mit Salz abschmecken.

Die Rahmpolenta auf die Teller verteilen und darauf die glasierten Jungzwiebeln anrichten. Die Perlhuhnbrüste quer aufschneiden, sodass der Trüffel sichtbar ist, und auf die Rahmpolenta setzen. Dann mit etwas Geflügeljus beträufeln und nach Belieben etwas Périgord-Trüffel darüber hobeln.

TIPP
Die cremige Polenta kann statt mit der Milch auch mit Gemüsefond zubereitet werden.

BACKHENDL, ERDÄPFEL-VOGERLSALAT, PREISELBEEREN

FÜR DEN ERDÄPFEL-VOGERLSALAT

1,2 kg speckige Erdäpfel
Salz
70 g Schalotten, fein gewürfelt
Rindsuppe oder Gemüsefond
   (siehe Grundrezepte auf Seite 236 und 233),
   nach Bedarf
etwas Apfelessig
etwas feiner Senf
Salz
Pfeffer
etwas Sonnenblumenöl
1 Handvoll Vogerlsalat

FÜR DIE PREISELBEEREN

300 g frische Preiselbeeren
100 g Gelierzucker (3:1)

FÜR DAS BACKHENDL

4 ausgelöste Hendlbrüste mit Flügeln
4 Hendlkeulen, ohne Knochen
Salz
Pfeffer
etwas Weizenmehl, zum Panieren
4 Eier, zum Panieren
reichlich Semmelbrösel, zum Panieren
reichlich Butterschmalz, zum Ausbacken

ZUM ANRICHTEN

2 Zitronen

ZUBEREITUNG

Die Erdäpfel in Salzwasser gar kochen, abgießen und noch heiß pellen. Die Erdäpfel in Scheiben schneiden. Die fein gewürfelten Schalotten zugeben. Etwas warme Rindsuppe mit Apfelessig, feinem Senf, Salz und Pfeffer zu einem Dressing verrühren und über die Erdäpfel gießen. Alles locker vermengen. Danach etwas Sonnenblumenöl untermengen und den Salat 20 Minuten ziehen lassen. Kurz vor dem Servieren noch einmal abschmecken und mit leicht mariniertem Vogerlsalat anrichten.

Die frischen Preiselbeeren mit dem Gelierzucker vermischen und einmal aufkochen. Danach beiseitestellen und abkühlen lassen.

Das Hendlfleisch mit Salz und Pfeffer würzen. Zuerst in Weizenmehl wenden, dann durch die verquirlten Eier ziehen und zum Schluss in reichlich Semmelbröseln panieren.

Die panierten Hendlstücke in reichlich heißem Butterschmalz etwa 10 Minuten schwimmend ausbacken, bis das Fleisch durch ist. Das goldbraune und knusprige Backhendl kurz auf Küchenpapier abtropfen lassen.

Das Backhendl auf Tellern anrichten. Dazu die Preiselbeeren und je eine halbe Zitrone zum Beträufeln reichen. Den Erdäpfel-Vogerlsalat separat dazu servieren.

TIPP

Ich koche die Erdäpfel immer in der Schale, so verlieren sie beim Kochen weniger Geschmack und Farbe. Die genaue Menge an Rindsuppe, Essig und Öl für das Dressing ist abhängig von der Erdäpfelsorte – manche Sorten nehmen mehr Flüssigkeit auf als andere. Deshalb ist es ratsam, genügend Dressing vorzubereiten und dieses nach und nach zuzugießen – je nachdem, wie viel die Erdäpfel brauchen.

WIENER SCHNITZEL, PETERSILIENERDÄPFEL, PREISELBEEREN

FÜR DIE PETERSILIENERDÄPFEL
400 g speckige Erdäpfel
Salz
50 g Butter
2 EL frische glatte Petersilie, gehackt

FÜR DIE SCHNITZEL
600 g Kalbsrücken, ausgelöst
Salz
Pfeffer
3 Eier, zum Panieren
etwas flüssiges Obers, zum Panieren
griffiges Weizenmehl, zum Panieren
reichlich Semmelbrösel, zum Panieren
reichlich Butterschmalz, zum Ausbacken

ZUM SERVIEREN
eingemachte Preiselbeeren
1 Zitrone

ZUBEREITUNG

Die Erdäpfel in Salzwasser gar kochen.

Den Kalbsrücken in dünne Scheiben schneiden und klopfen. Anschließend beidseitig mit Salz und Pfeffer würzen. Die Eier verquirlen und mit etwas flüssigem Obers vermischen. Die Kalbsschnitzel zuerst in griffigem Weizenmehl wenden, dann durch die verquirlten Eier ziehen und zum Schluss beidseitig panieren.

Reichlich Butterschmalz in einer Pfanne auf 170 °C erhitzen und die panierten Kalbsschnitzcl schwimmend goldbraun ausbacken. Die Schnitzel kurz auf Küchenpapier abtropfen lassen.

Zwischenzeitlich die gekochten Erdäpfel abgießen, noch heiß pellen und je nach Größe halbieren oder vierteln. Die Butter in einer Pfanne schmelzen. Die Erdäpfel zugeben und kurz durchschwenken. Zum Schluss die gehackte Petersilie zugeben und mit Salz abschmecken.

Die Schnitzel auf Tellern anrichten und mit den Petersilienerdäpfeln servieren. Dazu eingemachte Preiselbeeren und Zitrone zum Beträufeln reichen.

TIPP

Für den Geschmack gebe ich einen Schuss Obers zum Ei. Um ein fluffiges Schnitzel zu bekommen, sind zwei Faktoren ausschlaggebend: Erstens die richtige Temperatur beim Ausbacken (170 °C), zweitens muss das Schnitzel während des Ausbackens geschwenkt und immer wieder mit heißem Butterschmalz übergossen werden.

KALBSKRONE, BÄRLAUCHPOLENTA, BLATTSPINAT

FÜR DIE KALBSKRONE

4 Stück Kalbskrone, sauber pariert (ca. 1 kg)
Gewürzsalz
50 g Butter
50 g Olivenöl
3 frische Rosmarinzweige

FÜR DIE BÄRLAUCHPOLENTA

50 g Zwiebeln, fein gewürfelt (Brunoise)
50 g Butter
500 ml Gemüsefond
   (siehe Grundrezept auf Seite 233)
100 ml Obers
120 g feiner Polentagrieß
Salz
Pfeffer
100 g frisch geriebener Parmesan
4 EL Bärlauchpesto
   (siehe Grundrezept auf Seite 231)

FÜR DEN BLATTSPINAT

50 g Zwiebel-Brunoise
2 EL Gemüsewürfel, blanchiert
1 EL Olivenöl
400 g frischer Blattspinat,
   geputzt und gewaschen
Salz
Pfeffer

ZUM ANRICHTEN

200 ml Kalbsjus
   (siehe Grundrezept auf Seite 235)
Tomatenperlen (Johannisbeertomaten)
   oder kleine Kirschtomaten,
   kurz in der Pfanne sautiert

ZUBEREITUNG

Die Kalbskronen mit Gewürzsalz bestreuen und beidseitig
in der Butter und im Olivenöl anbraten. Die Rosmarinzweige
zugeben und die Kalbskronen im vorgeheizten Backofen bei
160 °C 3 Minuten fertig garen. Danach das Fleisch bei 80 °C
15 Minuten ruhen lassen.

Für die Bärlauchpolenta die Zwiebeln in der Butter anschwitzen
und mit dem Gemüsefond aufgießen. Das Obers zugeben und
aufkochen lassen. Den Polentagrieß einrieseln lassen und unter
Rühren cremig einköcheln. Die Polenta mit Salz und Pfeffer
abschmecken. Zum Schluss den Parmesan unterrühren und
mit Bärlauchpesto verfeinern.

Für den Blattspinat die Zwiebel-Brunoise und die blanchierten
Gemüsewürfel im Olivenöl kurz anschwitzen. Den Blattspinat
zugeben und mit Salz und Pfeffer würzen. Alles gut durchschwenken, bis der Blattspinat zusammenfällt. Danach gleich
anrichten.

Die Bärlauchpolenta auf den Tellern anrichten. Den Blattspinat
dazugeben und darauf je eine Kalbskrone setzen. Etwas Kalbsjus angießen und nach Belieben mit Tomatenperlen garnieren.

KALBSCREPINETTE, BLATTSPINAT, ERDÄPFELTERRINE

FÜR DIE ERDÄPFELTERRINE

250 g mehlige Erdäpfel, gekocht und heiß passiert
4 Eier
50 g Butter
Salz
Pfeffer
frisch geriebene Muskatnuss
weiche Butter, für die Form
1 EL Butter, zum Braten

FÜR DIE SPINATMATTE

200 g frischer Blattspinat, geputzt
Salz

FÜR DIE HÜHNERFARCE

100 g rohes Hühnerfleisch, ohne Haut
100 g Obers
1 Ei
Salz
Pfeffer

FÜR DIE KALBSCREPINETTE

400 g Kalbsfilet, pariert
Salz
Pfeffer
2 Palatschinken, Durchmesser 25 cm
   (siehe Grundrezept auf Seite 237)
Hühnerfarce (siehe Teilrezept)
Spinatmatte (siehe Teilrezept)
1 EL Olivenöl
1 EL Butter

FÜR DEN BLATTSPINAT

200 g frischer Blattspinat
1 EL Butter
50 g Wurzelgemüse, fein gewürfelt und blanchiert
Salz
Pfeffer

ZUM ANRICHTEN

etwas Erdäpfelpüree (siehe Grundrezept auf Seite 233)
Erdäpfelchips (siehe Grundrezept auf Seite 232)
Kalbsjus (siehe Grundrezept auf Seite 235)

ZUBEREITUNG

Für die Erdäpfelterrine die durchgepressten heißen Erdäpfel mit den Eiern, der weichen Butter, etwas Salz, Pfeffer und frisch geriebener Muskatnuss mixen. Die Kartoffelmasse in eine gebutterte Terrinenform füllen und im Dampfgarofen bei 100 °C etwa 40 Minuten dämpfen. Ersatzweise die Terrinenform in ein heißes Wasserbad stellen und im Backofen garen.

Für die Spinatmatte den geputzten Blattspinat in kochendem Salzwasser kurz blanchieren und in Eiswasser abschrecken. Die Spinatblätter überlappend auf ein Küchentuch legen und mit Küchenkrepp belegen. Dann zu einer Rolle formen.

Für die Hühnerfarce das Hühnerfleisch in Würfel schneiden, kurz anfrieren und mit dem flüssigen Obers, dem Ei, etwas Salz und Pfeffer sehr fein mixen. Die Hühnerfarce durch ein Sieb streichen und kalt stellen.

Das Kalbsfilet in zwei gleich große Stücke schneiden und mit Salz und Pfeffer würzen. Die Palatschinken quadratisch zuschneiden und leicht mit Hühnerfarce bestreichen. Die Spinatmatte ebenfalls quadratisch zuschneiden und darauflegen. Die Spinatmatte mit der restlichen Hühnerfarce bestreichen. Das Kalbsfilet darauflegen und einrollen. Die Kalbscrepinette anschließend straff in Frischhaltefolie wickeln, die Enden gut verknoten und etwa 30 Minuten kalt stellen.
   Das Olivenöl und die Butter erhitzen und die Kalbscrepinette rundherum kurz anbraten. Dann im vorgeheizten Backofen bei 160 °C etwa 6 Minuten garen. Danach bei 80 °C etwa 8 Minuten ruhen lassen. Kurz vor dem Anrichten in dicke Scheiben schneiden.

Die Erdäpfelterrine abkühlen lassen, danach aus der Form stürzen und in rechteckige Portionen schneiden. Vor dem Anrichten beidseitig in etwas heißer Butter goldbraun anbraten.
   Den Blattspinat waschen, verlesen und abtropfen lassen. Die Butter in einer Pfanne aufschäumen. Das Wurzelgemüse zugeben und kurz anschwitzen. Den Blattspinat zufügen, kurz durchschwenken und mit Salz und Pfeffer würzen.
   Den Blattspinat auf die Teller verteilen, darauf die Kalbscrepinette anrichten. Je eine gebratene Erdäpfelterrine dazulegen, nach Belieben mit etwas Erdäpfelpüree und -chips garnieren. Zum Schluss etwas Kalbsjus angießen und servieren.

KALBSRAHMBEUSCHERL, SEMMELKNÖDEL

FÜR DAS KALBSRAHMBEUSCHERL

800 g Kalbsbeuscherl (siehe Tipp),
    vorgegart, vom Metzger des Vertrauens
100 g Butter
100 g griffiges Weizenmehl
1 l Rindsuppe oder Gemüsefond
    (siehe Grundrezepte auf Seite 236 oder 233)
1–2 Essiggurken, je nach Größe
1 Knoblauchzehe, geschält
½ TL eingelegte Kapern
2–3 frische Petersilienstängel
etwas Sardellenpaste
100 g Zwiebeln, grob geschnitten
100 ml flüssiges Obers
Salz
Pfeffer
feiner Senf
dunkler Balsamico
3 EL frische Petersilie, fein geschnitten
100 ml geschlagenes Obers

FÜR DIE SEMMELKNÖDEL

250 ml Milch
250 g Knödelbrot
70 g Zwiebeln, geschält
45 g Butter
3 Eier
Salz
Pfeffer
Muskatnuss, frisch gerieben

ZUM ANRICHTEN
3 EL frischer Schnittlauch, fein geschnitten

ZUBEREITUNG

Das Kalbsbeuscherl, falls noch nicht vorgeschnitten, in etwa 0,5 cm breite Streifen schneiden und beiseitestellen.

Die Butter in einem Topf schmelzen. Das griffige Weizenmehl zugeben und unter stetigem Rühren bräunen lassen. Dann etwas Rindsuppe zufügen und zügig glatt rühren. Die restliche Rindsuppe aufgießen. Die Essiggurken, den Knoblauch, die Kapern und die Petersilienstängel klein schneiden, anschließend zusammen mit etwas Sardellenpaste fein mixen und zugeben. Die grob geschnittenen Zwiebeln zufügen und alles zusammen köcheln lassen, bis die Zwiebeln weich sind. Den gesamten Topfinhalt fein mixen. Danach flüssiges Obers zufügen und noch einmal aufkochen. Das geschnittene Kalbsbeuscherl unterrühren und einige Minuten ziehen lassen. Zum Schluss mit Salz, Pfeffer, feinem Senf und dunklem Balsamico abschmecken und mit fein geschnittener Petersilie verfeinern.

Das geschlagene Obers erst kurz vor dem Anrichten unterheben.

Für die Semmelknödel die Milch über das Knödelbrot gießen und einige Minuten ziehen lassen. Die Zwiebeln sehr fein würfeln, in der Butter anschwitzen und mit den Eiern zugeben. Die Masse mit Salz, Pfeffer und frisch geriebener Muskatnuss würzen und gut vermengen. Mit nassen Händen jeweils etwa 70 g schwere Knödel formen und in reichlich Salzwasser etwa 10 Minuten gar ziehen lassen.

Das Kalbsrahmbeuscherl in tiefen Tellern anrichten und je einen oder zwei Semmelknödel daraufsetzen. Zum Schluss mit fein geschnittenem Schnittlauch bestreuen.

TIPP
Wir verwenden für das Kalbsbeuscherl immer ein Drittel Kalbslunge und zwei Drittel Kalbsherz, wobei wir auch gerne etwas Kalbszunge beigeben. Das vorgegarte Kalbsbeuscherl sollte in Streifen geschnitten werden, die nicht breiter als 0,5 cm sind.

GESCHMORTE OCHSENBACKERL, ERDÄPFELPÜREE, GLASIERTES GEMÜSE

FÜR DIE OCHSENBACKERL

1 kg Ochsenbacken, sauber pariert
Salz
Pfeffer
1 EL Pflanzenöl
300 g gemischtes Wurzelgemüse
    (Karotten, Knollensellerie, rote Zwiebel),
    geputzt
3 EL Tomatenmark
500 ml guter, kräftiger Rotwein
1,5 l Gemüsefond
    (siehe Grundrezept auf Seite 233)
etwas Maisstärke, nach Bedarf

FÜR DAS GLASIERTE GEMÜSE

100 g Karotten, geschält
100 g Staudensellerie, geputzt
100 g Schalotten, geschält
100 g junge Erbsen- oder Zuckerschoten
Salz
50 g Butter
100 ml Gemüsefond
    (siehe Grundrezept auf Seite 233)
Pfeffer

ZUM ANRICHTEN

400 g Erdäpfelpüree
    (siehe Grundrezept auf Seite 233)
Erdäpfelchips
    (siehe Grundrezept auf Seite 232)
frische Thymianzweige

ZUBEREITUNG

Die Ochsenbackerl halbieren und mit Salz und Pfeffer würzen. Das Pflanzenöl in einem Bräter erhitzen und darin die Ochsenbackerl von allen Seiten scharf anbraten. Das Wurzelgemüse in 1,5 cm große Stücke schneiden und zugeben. Das Tomatenmark zugeben und anrösten. Nach und nach mit dem Rotwein ablöschen und gut einkochen. Dann mit dem Gemüsefond auffüllen und aufkochen. Die Ochsenbackerl zugedeckt etwa 2–3 Stunden köcheln lassen, bis das Fleisch weich geschmort ist.

Das Fleisch herausnehmen und die Sauce durch ein Sieb passieren. Die Sauce mit Salz und Pfeffer abschmecken und je nach Konsistenz mit etwas mit kaltem Wasser angerührter Maisstärke leicht sämig binden. Die Ochsenbackerl in dicke Scheiben schneiden und zurück in die Sauce legen.

Für das glasierte Gemüse die Karotten, den Staudensellerie und die Schalotten in Stücke schneiden. Die Erbsenschoten quer halbieren. Das Gemüse nacheinander in reichlich Salzwasser bissfest blanchieren, in Eiswasser abschrecken und abtropfen lassen. Vor dem Anrichten die Butter mit dem Gemüsefond in einer Pfanne aufkochen. Das blanchierte Gemüse zugeben und alles gut durchschwenken und glasieren. Zum Schluss mit Salz und Pfeffer abschmecken.

Das glasierte Gemüse auf Teller verteilen. Darauf die geschmorten Ochsenbackerl anrichten und mit reichlich Sauce übergießen. Daneben große Tupfen Erdäpfelpüree aufspritzen und mit Erdäpfelchips und frischen Thymianzweigen garnieren.

TIPP

Das Wichtigste bei diesem Gericht ist, dass man ihm genügend Zeit gibt – nur so werden die Ochsenbackerl butterweich. Der Rotwein kann durch Gemüsefond ersetzt werden.

WILDRAGOUT, SERVIETTEN-KNÖDEL, ROTKRAUT

FÜR DAS WILDRAGOUT

1 kg Wildfleisch, z. B. Hirsch, Reh,
   Wildschwein, Gams
1 EL Pflanzenöl
300 g gemischtes Wurzelgemüse
   (Karotten, Knollensellerie, Petersilienwurzel, Rote Rüben), gewürfelt
3 EL Tomatenmark
1 l kräftiger Rotwein
1 l Gemüsefond
   (siehe Grundrezept auf Seite 233)
Salz
1–2 Pimentkörner
3–4 schwarze Pfefferkörner
¼ TL Kümmelsamen
1–2 Wacholderbeeren, angedrückt
¼–½ Bio-Orange, zum Verfeinern
eingemachte Preiselbeeren, zum Verfeinern

FÜR DAS ROTKRAUT

1 kg Rotkraut
100 g rote Zwiebeln, geschält
etwas Butter
50 g Zucker
Salz
Pfeffer
500 ml Rotwein
etwas gemahlener Zimt
etwas gemahlene Gewürznelke
¼ TL Kümmelsamen
1 Apfel
etwas Apfelessig
½–¾ Bio-Orange
2 EL eingemachte Preiselbeeren
50 g dunkle Schokolade

ZUM ANRICHTEN

gebratene Serviettenknödel
   (siehe Grundrezept auf Seite 240)
gebratene Eierschwammerl, je nach Saison
Apfelspalten, kurz in Butter angebraten
   und glasiert

ZUBEREITUNG

Für das Wildragout das Wildfleisch in 3 cm große Würfel schneiden und im Pflanzenöl rundherum scharf anbraten. Das gewürfelte Wurzelgemüse zugeben und anrösten. Das Tomatenmark zugeben, kurz anrösten und mit einem Schuss Rotwein ablöschen. Die Flüssigkeit vollständig einkochen und alles leicht rösten. Den Vorgang so lange wiederholen, bis der gesamte Rotwein verbraucht und eingekocht ist.

Anschließend mit dem Gemüsefond auffüllen und aufkochen. Etwas Salz und die Gewürze zugeben und alles zusammen etwa 1 Stunde sanft köcheln lassen. Das Wildragout zum Schluss mit Salz, etwas fein abgeriebener Orangenschale, etwas Orangensaft und Preiselbeeren abschmecken.

Das Rotkraut in feine Streifen schneiden oder hobeln. Die roten Zwiebeln ebenfalls in dünne Streifen schneiden und in der Butter anschwitzen. Den Zucker zufügen und karamellisieren. Dann mit Salz und Pfeffer würzen und mit dem Rotwein aufgießen. Das Rotkraut zugeben und 1 Stunde sanft einköcheln lassen.

Danach die Gewürze zufügen. Den Apfel samt der Schale grob reiben und untermengen. Alles zusammen aufkochen lassen. Das Rotkraut mit etwas Apfelessig, etwas frisch abgeriebener Orangenschale, frisch gepresstem Orangensaft, eingemachten Preiselbeeren und gehackter Schokolade verfeinern und mit Salz abschmecken.

Das Wildragout mit den Serviettenknödeln auf Tellern anrichten und je nach Saison gebratene Eierschwammerl darüber verteilen. Daneben das Rotkraut platzieren und mit glasierten Apfelspalten garnieren.

SALZWIESENLAMM, MELANZANI-PAPRIKA-GEMÜSE, DATTELCOUSCOUS

FÜR DAS SALZWIESENLAMM
800 g Lammkarree vom Salzwiesenlamm
Salz
Pfeffer
1 EL Pflanzenöl

FÜR DAS MELANZANI-PAPRIKA-GEMÜSE
200 g Melanzani, geschält
200 g rote Paprikaschote, geschält
100 g Zwiebeln, geschält
50 g Butter
1 TL Tomatenmark
1 TL Ras el Hanout (Gewürzmischung)
etwas Gemüsefond zum Ablöschen
   (siehe Grundrezept auf Seite 233)
etwas Honig
Salz

FÜR DEN DATTELCOUSCOUS
100 g Datteln, entsteint
3 EL Zwiebelpaste
   (siehe Grundrezept auf Seite 241)
300 ml Gemüsefond
   (siehe Grundrezept auf Seite 233)
50 g Butter
300 g Couscous

ZUM ANRICHTEN
Lammjus (siehe Grundrezept auf Seite 238)
frische Kräuter, z. B. Blutampfer

ZUBEREITUNG

Das Lammkarree rundherum mit Salz und Pfeffer würzen. Das Pflanzenöl in einer Pfanne erhitzen und darin das Lamm von allen Seiten scharf anbraten. Danach im vorgeheizten Backofen bei 160 °C etwa 3 Minuten nachgaren. Im Anschluss das Fleisch bei 80 °C etwa 15–20 Minuten ruhen lassen.

Für das Melanzani-Paprika-Gemüse die Melanzani, die Paprika und die Zwiebeln in kleine Würfel schneiden und in der Butter anbraten. Das Tomatenmark und Ras el Hanout zugeben und mit etwas Gemüsefond ablöschen. Alles bissfest köcheln lassen und mit etwas Honig und Salz abschmecken.

Für den Dattelcouscous die Datteln klein schneiden und zusammen mit der Zwiebelpaste in einem Topf anschwitzen. Den Gemüsefond und die Butter zugeben und aufkochen. Den Couscous einrieseln lassen und etwa 5 Minuten quellen lassen.

Den Dattelcouscous mithilfe eines Rings auf den Tellern anrichten. Daneben das Melanzani-Paprika-Gemüse geben. Das Lammkarree aufschneiden und dazulegen. Etwas Lammjus angießen und nach Belieben mit Kräutern garnieren.

RINDERFILET ROSSINI, FRÜHLINGSGEMÜSE

FÜR DAS GLASIERTE FRÜHLINGSGEMÜSE

200 g Jungzwiebeln, geputzt
200 g Karotten, geschält
200 g Kohlrabi, geschält
200 g junge Erbsenschoten, geputzt
Salz
50 g Butter
100 ml Gemüsefond
    (siehe Grundrezept auf Seite 233)
Salzflocken

FÜR DAS RINDERFILET ROSSINI

4 Filetsteaks vom Rind, à 250 g
Salz
Pfeffer
2 EL Olivenöl
2 EL Butter
4 Scheiben rohe Gänsestopfleber, à ca. 50 g
Salzflocken

ZUM ANRICHTEN

etwas Kalbsjus
    (siehe Grundrezept auf Seite 235)
frische Kräuter, z. B. Basilikum
    oder Petersilie

ZUBEREITUNG

Das Gemüse in Stücke schneiden und getrennt voneinander in reichlich Salzwasser bissfest blanchieren. Dann in Eiswasser abschrecken und abtropfen lassen.

Vor dem Anrichten die Butter in einer Pfanne schmelzen. Das blanchierte Gemüse zugeben und mit dem Gemüsefond ablöschen. Alles gut durchschwenken und erhitzen. Zum Schluss mit Salzflocken bestreuen.

Die Filetsteaks beidseitig mit Salz und Pfeffer würzen. Das Olivenöl in einer Pfanne erhitzen. Die Butter zugeben und das Fleisch beidseitig scharf und goldbraun anbraten. Danach im vorgeheizten Backofen bei 160 °C etwa 3 Minuten nachgaren. Anschließend bei 80 °C etwa 15 Minuten ruhen und medium durchziehen lassen.

Eine Pfanne gut erhitzen. Die Gänsestopfleberscheiben ohne Fettzugabe beidseitig sehr scharf und knusprig anbraten. Zum Schluss mit Salzflocken bestreuen und gleich anrichten.

Das glasierte Frühlingsgemüse mittig auf den Tellern verteilen und darauf das Rinderfilet anrichten. Die gebratene Gänsestopfleber darauflegen und mit etwas Kalbsjus übergießen. Zum Schluss mit Basilikum garnieren.

TIPP

Für einen besonders intensiven Geschmack kann die Gänsestopfleber vor dem Anbraten leicht mit Mehl bestäubt werden. Das macht sie extra knusprig.

FILETSTEAK, TAGLIATELLE, HUMMER, ALBA-TRÜFFEL

FÜR DAS FILETSTEAK

4 Filetsteaks vom Rind, à 220 g
Salz
Pfeffer
1 EL Olivenöl
1 EL Butter

FÜR DIE TAGLIATELLE

320 g Nudelteig
   (siehe Grundrezept auf Seite 237)
etwas griffiges Weizenmehl
Salz

FÜR DEN HUMMER

200 g Hummerfleisch,
   frisch gegart und ausgelöst
1 EL Butter
Salz

FÜR DIE SCHAUMSAUCE

400 ml helle Grundsauce
   (siehe Grundrezept auf Seite 234)
100 g kalte Butter
Salz

ZUM ANRICHTEN

100 ml Kalbsjus
   (siehe Grundrezept auf Seite 235)
15 g frische Alba-Trüffel

ZUBEREITUNG

Die Filetsteaks beidseitig mit Salz und Pfeffer würzen. Eine Pfanne erhitzen. Das Olivenöl und die Butter zugeben und darin das Fleisch beidseitig je 2 Minuten anbraten. Die Filetsteaks auf ein Backblech setzen und im vorgeheizten Backofen bei 80 °C etwa 18–20 Minuten ruhen lassen.

Für die Tagliatelle den Nudelteig portionsweise mit einer Nudelmaschine oder einem Nudelholz zu hauchdünnen Bahnen ausrollen. Die Teigbahnen aufrollen und in dünne Streifen schneiden. Die Tagliatelle mit etwas griffigem Weizenmehl bestreuen und auflockern. Kurz vor dem Anrichten die Pasta in reichlich kochendem Salzwasser etwa 1 Minute kochen, dann abgießen.

Das Hummerfleisch in etwas leicht gesalzener Butter erhitzen und durchschwenken.

Für die Schaumsauce die helle Grundsauce aufkochen. Nach und nach die kalte Butter zugeben und mit einem Stabmixer schaumig mixen. Zum Schluss mit Salz abschmecken.

Die frisch abgetropften Tagliatelle mit einer langen Küchenpinzette aufrollen, neben dem Fleisch anrichten und mit der Schaumsauce übergießen. Das Hummerfleisch daraufleger und etwas Kalbsjus angießen. Zum Schluss mit einem Trüffelhobel hauchdünne Scheiben Alba-Trüffel darüberhobeln.

NACH

SPEISEN

BRILLAT-SAVARIN,
WABENHONIG-EIS, ALBA-TRÜFFEL

FÜR DAS WABENHONIG-EIS
100 g frischer Wabenhonig
300 g Milcheis-Masse
  (siehe Rezept auf Seite 176)

ZUM SERVIEREN
280 g Brillat-Savarin (Weichkäse)
20 g frischer Wabenhonig
10 g frische Alba-Trüffel

ZUBEREITUNG

Für das Wabenhonig-Eis den frischen Wabenhonig zu der Milcheis-Masse geben und gut untermixen. Die abgekühlte Eismasse in eine Eismaschine füllen und zu cremigem Wabenhonig-Eis gefrieren.

Den Brillat-Savarin in acht Stücke teilen und auf vier Tellern anrichten. Rundherum etwas frischen Wabenhonig geben. Zum Abschluss mit einem Trüffelhobel hauchdünne Scheiben frische Alba-Trüffel darüberhobeln und mit einer Nocke Wabenhonig-Eis servieren.

ERDBEERCRUMBLE, MINZE, VANILLESCHAUM

FÜR DAS CRUMBLE
100 g glattes Weizenmehl
50 g Staubzucker
50 g weiche Butter
1 Ei
1 Prise Salz

FÜR DEN VANILLESCHAUM
1 Vanilleschote
125 ml Obers
3 frische Eidotter
50 g Zucker

FÜR DIE MARINIERTEN ERDBEEREN
350 g frische Erdbeeren
1 kleiner Bund frische Minze
50 g Staubzucker

ZUBEREITUNG

Für den Crumble-Teig das Weizenmehl, den Staubzucker, die weiche Butter, das Ei und eine Prise Salz zu einem glatten Teig verkneten und anschließend kurz ruhen lassen. Den Teig mit der groben Seite der Rohkostreibe auf ein mit Backpapier belegtes Backblech reiben. Die Streusel im vorgeheizten Backofen bei 180 °C etwa 15 Minuten goldbraun backen.

Für den Vanilleschaum die Vanilleschote längs aufschneiden und das Mark auskratzen. Beides zusammen mit dem Obers aufkochen. Dann beiseitestellen und 10 Minuten ziehen lassen. Die Eidotter zusammen mit dem Zucker über einem heißen Wasserbad cremig aufschlagen. Die Vanilleschote aus dem Obers nehmen und erneut aufkochen. Das Vanilleobers langsam in die Dotter-Zucker-Masse unterrühren und weiter aufschlagen, bis die Mischung zur Rose abzieht und dicklich wird. Den Vanilleschaum sofort vom heißen Wasserbad nehmen und auf einem Eisbad kalt schlagen.

Die Erdbeeren waschen, putzen und in Stücke schneiden. Von der Minze einige Spitzen abzupfen und zum Anrichten beiseitelegen. Für die Marinade die Minze fein hacken und mit 100 g Erdbeeren und dem Staubzucker fein pürieren. Die restlichen Erdbeerstücke (250 g) mit dem Püree marinieren.

Die marinierten Erdbeeren in vier tiefen Tellern anrichten. Den Vanilleschaum darübergeben und mit Crumble und Minzespitzen garnieren.

RHABARBER-HIMBEER-TARTE, KAKAOSORBET

Zutaten für mindestens 8 Personen

FÜR DIE TARTE
250 g glattes Weizenmehl
80 g Staubzucker
160 g Butter
1 Eidotter
100 g weiße Kuvertüre

FÜR DEN RHABARBER
200 g Rhabarber, geputzt
100 ml Wasser
100 g Zucker

FÜR DIE CREME
400 g Mascarpone
1 EL Xanthan-Base (125 g Wasser,
    mit 2 g Xanthan gemixt)
100 g Staubzucker
Mark von ½ Vanilleschote
Saft von 1 Zitrone

FÜR DAS KAKAOSORBET
500 ml Wasser
125 g Zucker
100 g Kakaopulver
75 g dunkle Kuvertüre
etwas Weinbrand, zum Abschmecken

ZUM ANRICHTEN
frische Himbeeren
frische Minze- und Waldmeisterspitzen,
    nach Belieben
getrocknete Glasnudeln, kurz
    in Pflanzenöl frittiert und aufgepufft

ZUBEREITUNG

Für den Tarteteig das Weizenmehl, den Staubzucker, die Butter und den Eidotter verkneten. Den Teig 1 Stunde ruhen lassen. Danach ausrollen und kleine bebutterte Tartelette-Förmchen damit auslegen. Der Tarteteig reicht für etwa zwölf kleine Formen. Die Tarteböden anschließend im vorgeheizten Backofen bei 180 °C etwa 12 Minuten goldbraun backen. Die Tarteböden aus den Formen lösen und die Innenseiten mit geschmolzener weißer Kuvertüre bestreichen.

Den Rhabarber putzen und in Stücke schneiden. Das Wasser und den Zucker aufkochen. Die Rhabarberstücke zugeben, vom Herd nehmen und ziehen lassen. Den marinierten Rhabarber kalt stellen.

Für die Creme alle Zutaten cremig aufschlagen und in einen Spritzbeutel mit flacher Spritztülle füllen.

Für das Kakaosorbet das Wasser, den Zucker, das Kakaopulver und die gehackte Kuvertüre aufkochen. Anschließend abkühlen lassen und mit etwas Weinbrand abschmecken. Die gekühlte Sorbetmasse in einer Eismaschine gefrieren.

Die Tarteböden mit mariniertem Rhabarber füllen. Die Creme darauf dressieren und mit frischen Himbeeren belegen. Die Rhabarber-Himbeer-Tartes auf Teller setzen und mit Minzespitzen und frittierten Glasnudeln garnieren. Je eine Nocke Kakaosorbet daneben platzieren und mit gekräuselten frittierten Glasnudeln garnieren.

ZITRONENTARTE

Zutaten für mindestens 4 Personen

FÜR DIE ZITRONENCREME

Schale von 1 unbehandelten Zitrone
100 g Zitronensaft, frisch gepresst
80 g Zucker
2 Eidotter
1 Ei
1 Blatt Gelatine, eingeweicht
70 g kalte Butter

FÜR DEN TARTEBODEN

185 g glattes Weizenmehl
105 g kalte Butter
45 g Staubzucker
1 Eidotter
1 Prise Salz
kleine getrocknete Hülsenfrüchte
    (z. B. Linsen, Kichererbsen), zum Blindbacken
50 g flüssige weiße Schokolade

ZUM ANRICHTEN

etwas Dekor aus weißer Schokolade
frische Beeren oder hauchdünne
    Zitronenscheiben, nach Belieben
frische Minze

ZUBEREITUNG

Für die Zitronencreme die Schale der Zitrone fein abreiben und zusammen mit dem frisch gepressten Zitronensaft, dem Zucker, den Eidottern und dem Ei in eine Metallschüssel geben und glatt rühren. Die Metallschüssel auf ein heißes Wasserbad stellen und unter stetigem Rühren die Masse leicht dicklich zur Rose aufschlagen (max. 80 °C). Die Masse vom Wasserbad nehmen und die eingeweichte und gut ausgedrückte Gelatine unterrühren und auflösen. Zum Schluss die kalte Butter in Stücken zugeben und kräftig zu einer glänzenden, glatten Zitronencreme verrühren. Die Zitronencreme mit Frischhaltefolie abdecken und 3 Stunden kalt stellen. Danach in einen Spritzbeutel füllen.

Für die Tarteböden das Weizenmehl, die Butter, den Staubzucker, den Eidotter und das Salz zu einem Mürbteig verkneten. Dann in Frischhaltefolie wickeln und 1 Stunde kalt stellen.

Den Mürbteig dünn ausrollen, zuschneiden und in kleine bebutterte Tarteförmchen (etwa 10 cm Durchmesser) legen. Den Teig leicht festdrücken und am oberen Rand gerade abschneiden. Den Teigboden mehrmals mit einer Gabel einstechen und getrocknete Hülsenfrüchte einfüllen. Die Tarteböden im vorgeheizten Backofen bei 175 °C etwa 12 Minuten blindbacken. Danach abkühlen lassen. Die Hülsenfrüchte entfernen und die Tarteböden innen mit flüssiger weißer Schokolade bestreichen. Nach dem Aushärten aus den Formen lösen.

Die Tarteböden mit kleinen Tupfen Zitronencreme füllen und nach Belieben mit Schokoladendekor, frischen Beeren oder hauchdünnen Zitronenscheiben und etwas frischer Minze garnieren.

MILLIRAHMSTRUDEL

FÜR DIE TOPFENFÜLLUNG
4 Eier
50 g Kristallzucker
25 g Maisstärke
100 g weiche Butter, zimmerwarm
50 g Staubzucker
330 g Speisetopfen, 20 % Fettanteil
250 g Sauerrahm, 10 % Fettanteil
40 g glattes Weizenmehl
½ unbehandelte Orange, fein abgeriebene Schale
½ unbehandelte Zitrone, fein abgeriebene Schale
Mark von ½ Vanilleschote

FÜR DEN STRUDEL
1 Lage Strudelteig (20 × 30 cm),
    aus dem Kühlregal
50 g flüssige Butter
weiche Butter, für die Form

FÜR DEN MILCHGUSS
250 ml Milch
3 Eier
150 g Kristallzucker

ZUM SERVIEREN
Staubzucker
etwas geschlagenes Obers, nach Belieben
etwas Vanillesauce, nach Belieben

ZUBEREITUNG

Für die Topfenfüllung die Eier trennen. Das Eiweiß mit dem Kristallzucker und der Maisstärke zu steifem Schnee schlagen und beiseitestellen.

Die weiche Butter mit dem Staubzucker cremig schlagen. Nach und nach die Eidotter zugeben und zu einer cremigen Masse rühren. Dann den Speisetopfen, den Sauerrahm, das Weizenmehl, die fein abgeriebene Zitronen- und Orangenschale sowie das ausgekratzte Vanillemark unterrühren. Den Eischnee und das glatte Weizenmehl nach und nach unter die Topfenmasse heben.

Den Strudelteig mit etwas flüssiger Butter bepinseln und auf die untere Hälfte die Topfenfüllung verteilen. Dann den Strudel beginnend mit der Topfenfüllung aufrollen und in eine bebutterte hohe ofenfeste Form legen. Die Oberseite mit der restlichen flüssigen Butter bestreichen.

Für den Milchguss die Milch, die Eier und den Kristallzucker glatt rühren, bis sich der Zucker aufgelöst hat. Den Milchguss über den Strudel gießen und den Millirahmstrudel im vorgeheizten Backofen bei 175 °C etwa 25 Minuten goldbraun backen.

Den Millirahmstrudel in Stücke schneiden und auf Tellern anrichten. Den Strudel leicht mit Staubzucker übersieben. Nach Belieben mit etwas geschlagenem Obers garnieren und mit Vanillesauce servieren.

WOHER KOMMT DER NAME MILLIRAHMSTRUDEL?

Dass der Klassiker der Wiener Küche ein Milchrahmstrudel ist, ist fast in Vergessenheit geraten. Das liegt auch an der Legende der Süßspeise, die während der österreichisch-ungarischen Monarchie entstanden ist: Angeblich war Franz Stelzer, ein Gastwirt aus Breitenfurt bei Wien (1842–1913), der Erste, der ihn auf die Karte setzte. Erfunden wurde er angeblich in seiner Küche – von einer Köchin namens Milli.

TOPFENKNÖDEL, ZWETSCHKENRÖSTER

Zutaten für 4–6 Personen

FÜR DIE TOPFENKNÖDEL

60 g weiche Butter, zimmerwarm
50 g Staubzucker
1 Ei, zimmerwarm
1 Eidotter
375 g Speisetopfen (20 % Fettanteil),
  in einem Tuch ausgedrückt
125 g Toastbrot ohne Rinde, zu Brösel gemixt
40 g griffiges Weizenmehl
abgeriebene Schale von 1 unbehandelten Zitrone
Zucker und Salz, für das Kochwasser

FÜR DIE BUTTERBRÖSEL

100 g Butter
100 g Semmelbrösel
100 g geriebene Nüsse nach Wahl,
  z. B. Haselnuss- oder Walnusskerne
50 g Zucker
etwas Vanillezucker
etwas gemahlener Zimt
etwas Rum (nach Belieben)

ZUM ANRICHTEN

Zwetschkenröster
  (siehe Grundrezept auf Seite 241)
Staubzucker
frische Minze oder Waldmeister

ZUBEREITUNG

Für die Topfenknödel die weiche Butter zusammen mit dem Staubzucker, dem Ei und dem Eidotter schaumig aufschlagen. Den ausgedrückten Speisetopfen, die Toastbrotbrösel, das griffige Weizenmehl und die fein abgeriebene Zitronenschale zugeben. Alles gut vermengen und die Masse 3 Stunden im Kühlschrank quellen lassen.

Aus der Knödelmasse mit nassen Händen Knödel (à 70 g) formen. Reichlich Wasser aufkochen und mit Zucker und Salz abschmecken. Die Topfenknödel etwa 15 Minuten sanft köcheln lassen.

Zwischenzeitlich für die Butterbrösel die Butter in einer Pfanne schmelzen. Die Semmelbrösel mit den geriebenen Nüssen und dem Zucker vermischen, zugeben und bei milder Hitze unter Rühren goldgelb rösten. Die Butterbrösel mit etwas Vanillezucker, etwas Zimt und nach Belieben mit ein paar Tropfen Rum verfeinern.

Die fertigen Topfenknödel aus dem Wasser schöpfen, kurz abtropfen lassen und in den Butterbröseln wälzen. Dann mit Staubzucker übersieben.

Den Zwetschkenröster auf Teller geben und darauf die Topfenknödel anrichten. Zum Schluss mit Minze garnieren und noch heiß servieren.

TOPFENSCHMARRN, MARILLENRÖSTER

FÜR DEN MARILLENRÖSTER
300 g Marillen, halbiert und entkernt
100 g Gelierzucker (3:1)
100 ml Weißwein
etwas Vanillezucker
etwas Rum, nach Belieben

FÜR DEN TOPFENSCHMARRN
400 g Speisetopfen, 20 % Fettanteil
200 g Sauerrahm, 10 % Fettanteil
4 Eidotter
120 g Eiweiß, von etwa 4 Eiern
100 g Staubzucker
50 g Maisstärke
1–2 EL Butter, zum Karamellisieren
1–2 EL Zucker, zum Karamellisieren

ZUM SERVIEREN
frische Minze
Staubzucker

ZUBEREITUNG

Für den Marillenröster die halbierten Marillen mit dem Gelierzucker und dem Weißwein vermischen und aufkochen. Alles zusammen etwas einköcheln und mit Vanillezucker und Rum verfeinern. Den Marillenröster beiseitestellen.

Für den Topfenschmarrn den Speisetopfen, den Sauerrahm und die Eidotter glatt verrühren. Das Eiweiß zusammen mit dem Staubzucker und der Maisstärke zu Eischnee schlagen und in drei Schritten vorsichtig unter die Topfenmasse heben.

Eine ofenfeste Form mit Backpapier auskleiden, die Topfenmasse einfüllen und im vorgeheizten Backofen bei 175 °C etwa 30 Minuten backen.

Die Butter in einer großen Pfanne schmelzen. Den Zucker hineinstreuen und leicht karamellisieren. Den in Stücke zerstochenen Topfenschmarrn zugeben und leicht karamellisieren.

Den karamellisierten Topfenschmarrn auf Tellern anrichten und den Marillenröster dazugeben. Zum Schluss mit frischer Minze garnieren, leicht mit Staubzucker bestäuben und warm servieren.

SALZBURGER NOCKERL, PREISELBEEROBERS

FÜR DIE SALZBURGER NOCKERL
240 g Eiweiß
100 g feiner Zucker
1 EL Puddingpulver
2 Eidotter
weiche Butter und etwas flüssiges Obers,
   für die Form
3 EL eingemachte Preiselbeeren

FÜR DAS PREISELBEEROBERS
100 g Obers
3 EL eingemachte Preiselbeeren

ZUM SERVIEREN
Staubzucker

ZUBEREITUNG

Das Eiweiß mit dem Zucker und dem Puddingpulver steif schlagen. Anschließend die Eidotter untermengen.

Eine Emaille-Backform oder eine Kupferpfanne mit flüssiger Butter und etwas flüssigem Obers ausstreichen und die Preiselbeeren darin verteilen.

Von der Eiweißmasse mit einer Teigkarte drei große Nocken abstechen und in die Form setzen. Die Salzburger Nockerl im vorgeheizten Backofen bei 190 °C mit leichter Umluft 9 Minuten backen.

Für das Preiselbeerobers das Obers steif schlagen und die eingemachten Preiselbeeren vorsichtig unterziehen.

Die Salzburger Nockerl mit einem Hauch Staubzucker übersieben und warm in der Form servieren. Das Preiselbeerobers separat dazu reichen.

TIPP
Viele lassen von den Salzburger Nockerln die Finger, weil sie – kaum raus aus dem Ofen – zusammenfallen. Dass das nicht passiert, dafür sorgt das beigefügte Puddingpulver, das mit dem Eiweiß und dem Zucker emulgiert. Ebenso wichtig ist, dass Sie die exakte Backzeit von 9 Minuten einhalten.

PISTAZIE, NOUGAT

FÜR DEN PUNSCH-BISKUITBODEN

2 Eier
25 g Zucker
40 g glattes Weizenmehl
etwas Rum, zum Tränken

FÜR DEN SCHOKOLADEN-KROKANT

80 g Zucker
10 g Butter
Saft von 1 Zitrone
30 g flüssige dunkle Schokolade

FÜR DIE PASSIONSFRUCHTMOUSSE

25 g Passionsfruchtmark, passiert
Schale von 1 unbehandelten Zitrone
1 Ei
20 g Butter
½ Blatt Gelatine, eingeweicht

FÜR DIE NOUGATMOUSSE

100 g Milchschokolade
15 g Nougat
1 Ei
1 Eidotter
1 Blatt Gelatine, eingeweicht
250 g Obers, halb geschlagen

FÜR DIE PISTAZIENCREME

10 g weiße Schokolade
25 g Pistazienmark
½ Blatt Gelatine, eingeweicht
70 g Obers, halb geschlagen

ZUM ANRICHTEN

etwas Pistazienmark
½ frische Passionsfrucht
Schokoladenstäbchen, nach Belieben

ZUBEREITUNG

Für den Biskuitboden die Eier zusammen mit dem Zucker weiß-schaumig aufschlagen. Das Weizenmehl vorsichtig unterheben. Den Biskuitteig auf ein mit Backpapier belegtes Backblech streichen (ca. 20 × 20 cm) und im vorgeheizten Backofen bei 180 °C etwa 6–7 Minuten goldgelb backen. Dann abkühlen lassen und Kreise mit einem Durchmesser von 10 cm ausstechen. Vier Ausstechringe mit einem Durchmesser von 10 cm auf ein kleines Blech stellen und die Biskuitböden einlegen. Dann mit etwas Rum beträufeln.

Für den Krokant den Zucker in einem kleinen Topf karamellisieren. Die Butter zugeben und mit dem frisch gepressten Zitronensaft ablöschen. Alles köcheln lassen, bis der Zucker sich gelöst hat. Das flüssige Karamell auf eine Lage Backpapier geben und aushärten lassen. Die Krokantmasse zerstoßen und mit der flüssigen Schokolade vermengen. Den Schokoladenkrokant auf die vorbereiteten Punsch-Biskuitböden verteilen.

Für die Passionsfruchtmousse das Passionsfruchtmark, die fein abgeriebene Zitronenschale und das Ei in einer kleinen Metallschüssel glatt rühren. Die Metallschüssel auf ein heißes Wasserbad stellen und unter stetigem Rühren cremig aufschlagen. Dann vom Wasserbad nehmen und weiterschlagen, bis die Masse kalt ist. Die Butter schmelzen. Die eingeweichte und gut ausgedrückte Gelatine erwärmen und auflösen. Dann beides zügig unter die Creme rühren. Die Passionsfruchtmousse etwa 1–2 Stunden kalt stellen, danach in einen Spritzbeutel füllen.

Die Milchschokolade und den Nougat zerkleinern und behutsam schmelzen. Das Ei und den Eidotter in eine Metallschüssel geben und verrühren. Die flüssige Schokoladen-Nougat-Masse unterrühren. Die Metallschüssel auf ein heißes Wasserbad stellen und cremig aufschlagen. Dann vom Wasserbad nehmen und weiter aufschlagen, bis die Masse kalt ist. Die eingeweichte und gut ausgedrückte Gelatine vorsichtig erwärmen und auflösen, dann zügig unter die Schokoladenmasse rühren. Zum Schluss das halb geschlagene Obers vorsichtig unterziehen.

Die Nougatmousse in einen Spritzbeutel füllen und mindestens
1–2 Stunden kalt stellen.

Für die Pistaziencreme die weiße
Schokolade hacken und zusammen
mit dem Pistazienmark behutsam
schmelzen. Die eingeweichte und
gut ausgedrückte Gelatine behutsam erwärmen und auflösen, dann
zügig unter die Pistazien-Schoko-
laden-Masse rühren. Zum Schluss
das halb geschlagene Obers unterziehen. Die Pistaziencreme in einen
Spritzbeutel füllen und 1–2 Stunden
kalt stellen.

Etwas Passionsfruchtmousse auf
den Schokoladenkrokant spritzen
und mit reichlich Nougatmousse
bedecken. Dann die Ringe abziehen. Anschließend die Pistaziencreme aufspritzen und die Törtchen
auf Teller setzen. Rundherum
etwas Pistazienmark und frisches
Passionsfruchtmark geben und
nach Belieben mit einem langen
Schokoladenstäbchen garnieren.

SCHOKOLADENGÂTEAU

FÜR DIE SCHOKOLADENMASSE
90 g dunkle Schokolade
90 g Butter
100 g Staubzucker
35 g glattes Weizenmehl
3 frische Eier
1 Eidotter

FÜR DIE PORZELLANFÖRMCHEN
weiche Butter
Weizenmehl

ZUM ANRICHTEN
Staubzucker

ZUBEREITUNG

Die Schokolade fein hacken und zusammen mit der Butter behutsam schmelzen.

Die Schokoladenmasse in cine Schüssel füllen. Den Staubzucker, das Weizenmehl, die Eier und den Eidotter zugeben und alles zusammen mit dem Schneebesen zu einer glatten Masse verrühren. Die Schokoladenmasse 30 Minuten kalt stellen.

Vier ofenfeste Porzellanförmchen mit weicher Butter auspinseln und mit Weizenmehl bestäuben. Die Schokoladenmasse einfüllen (à ca. 130 g) und im vorgeheizten Backofen bei 190 °C etwa 12 Minuten backen. Der Schokoladengâteau sollte innen noch einen flüssigen Kern haben.

Den Schokoladengâteau mit Staubzucker übersieben und warm servieren.

EIS &

SORBET

VANILLEEIS

Zutaten für mindestens 6 Personen

FÜR DAS VANILLEEIS
250 ml Milch
250 ml Obers
100 g Zucker
Mark von ¼ Vanilleschote
150 g Eidotter (etwa 7–8 Stück)

ZUBEREITUNG

Die Milch, das Obers, den Zucker und das ausgekratzte Vanillemark in einem Topf sanft erwärmen.

Die Eidotter unterrühren und unter stetigem Rühren auf etwa 85 °C erhitzen und zur Rose abziehen, bis die Masse leicht andickt. Dann sofort auf ein Eiswürfelbad stellen und rasch unter Rühren kalt schlagen.

Die Eismasse in eine Eismaschine füllen und zu cremigem Vanilleeis gefrieren.

Je eine große Nocke Vanilleeis in Schalen anrichten.

TIPP
Für ein Erdbeereis oder Preiselbeereis 400 g frische Erdbeeren oder TK-Preiselbeeren passieren. Das Fruchtpüree mit der Vanilleeismasse vermengen und anschließend in der Eismaschine gefrieren. Dieses Rezept kann auch eins zu eins mit anderen Beeren der Saison (Himbeeren, Heidelbeeren, Ribiseln, Brombeeren etc.) umgesetzt werden.

SCHOKOLADENEIS

Zutaten für 6 Personen

FÜR DAS SCHOKOLADENEIS

180 g dunkle Schokolade,
   55 % Kakaoanteil oder nach Wahl
250 ml Milch
250 ml Obers
75 g Zucker
6 Eidotter
30 g Rum (optional)

ZUM ANRICHTEN

Schokoladendekor nach Belieben,
   z. B. Schokopraline oder zarte
   Schokostäbchen

ZUBEREITUNG

Die Schokolade fein hacken und zusammen mit der Milch, dem Obers und dem Zucker in einem Topf langsam erwärmen, bis die Schokolade geschmolzen ist.

Die Eidotter unterrühren. Die Eismasse unter stetigem Rühren auf etwa 85 °C erhitzen und zur Rose abziehen, bis die Masse leicht andickt. Dann sofort auf ein Eiswürfelbad stellen und rasch unter Rühren abkühlen lassen.

Vor dem Gefrieren nach Belieben den Rum unterrühren. Die Eismasse in eine Eismaschine füllen und zu cremigem Schokoladeneis gefrieren.

Je eine große Nocke Schokoladeneis auf Schalen anrichten und nach Belieben mit Schokoladendekor garnieren.

TIPP
Der Begriff »zur Rose abziehen« stammt aus der französischen Küche und ist vor allem bei der Zubereitung von Saucen und Eis gebräuchlich. Das Ziel ist es, die Flüssigkeiten so zu binden, dass sich am Rücken des Kochlöffels ein wellenförmiges Muster – ähnlich einer Rose – bildet, wenn man leicht darüber bläst.

MILCHEIS

Zutaten für mindestens 6 Personen

FÜR DAS MILCHEIS
750 ml Milch
250 ml Obers
125 g Kristallzucker
14 g Glukosesirup
60 g Maisstärke
50 ml Sherry

ZUBEREITUNG

Für das Milcheis die Milch, das
Obers, den Kristallzucker, den
Glukosesirup und die Maisstärke
kalt verrühren und aufkochen.
Alles zusammen 10 Minuten
köcheln lassen. Die Masse durch
ein feines Sieb passieren und
den Sherry untermixen. Die abgekühlte Eismasse in eine Eismaschine füllen und zu cremigem
Milcheis gefrieren.

RAFFAELLO-EIS

Zutaten für mindestens 6 Personen

FÜR DAS RAFFAELLO-EIS
750 g Kokosnussmilch
250 ml Obers
125 g Kristallzucker
14 g Glukosesirup
60 g Maisstärke
50 ml Sherry

ZUBEREITUNG

Die Kokosnussmilch, das Obers, den Kristallzucker, den Glukosesirup und die Maisstärke kalt verrühren und aufkochen. Alles zusammen 10 Minuten köcheln lassen. Die Masse durch ein feines Sieb passieren und den Sherry untermixen.

Die abgekühlte Eismasse in eine Eismaschine füllen und zu cremigem Eis gefrieren.

TIPP
Nach Belieben das Eis mit feinen Kokosraspeln bestreuen.

MASCARPONE-TONKABOHNEN-EIS

Zutaten für mindestens 6 Personen

FÜR DAS MASCARPONE-TONKABOHNEN-EIS

250 ml Milch
250 ml Obers
125 g Zucker
1 Tonkabohne, frisch gerieben
150 g Eidotter (etwa 7–8 Stück)
50 g Mascarpone

ZUBEREITUNG

Die Milch, das Obers, den Zucker und die geriebene Tonkabohne in einem Topf sanft erwärmen und kurz ziehen lassen.

Die Eidotter unterrühren und unter stetigem Rühren auf etwa 85 °C erhitzen und zur Rose abziehen, bis die Masse leicht andickt. Dann sofort auf ein Eiswürfelbad stellen und rasch unter Rühren kalt schlagen. Zum Schluss den Mascarpone unter die abgekühlte Eismasse mixen.

Die Eismasse in eine Eismaschine füllen und zu cremigem Eis gefrieren.

TIPP

Geschmacklich ähnelt die Tonkafrucht mit ihrem süßen Aroma der Vanille, ist aber mit einer gewissen Raffinesse behaftet. Mein Tipp: Reiben Sie die Bohne – ähnlich wie Muskat – am Schluss übers Eis. Aber Achtung, hier ist weniger mehr, weil es sonst schnell zu scharf werden könnte.

SCHAFMILCHSORBET

Zutaten für 4–6 Personen

FÜR DAS SCHAFMILCHSORBET

500 ml Schafmilch
125 ml Obers
7 g Pektin
100 g Zucker
125 g Schafmilchjoghurt
50 g Sauerrahm
Schale von 1 unbehandelten Zitrone

ZUBEREITUNG

Die Schafmilch und das Obers in einem Topf erhitzen. Das Pektin mit dem Zucker vermischen und unter die warme Flüssigkeit rühren. Alles zusammen aufkochen und einige Minuten unter Rühren köcheln lassen. Die Masse abkühlen lassen.

Anschließend den Schafmilchjoghurt und den Sauerrahm unterrühren. Die Sorbetmasse mit fein abgeriebener Zitronenschale abschmecken.

Die Sorbetmasse in einer Eismaschine zu feinem Sorbet gefrieren. Alternativ die Sorbetmasse in eine flache Form füllen und im Gefrierfach fest werden lassen, dabei gelegentlich umrühren, um Eiskristalle zu vermeiden.

TIPP

Schaf- statt Kuhmilch verwende ich in erster Linie deshalb, weil sie am Abend leichter verdaulich und prinzipiell für Gäste mit einer Unverträglichkeit besser geeignet ist. Schafmilch hat mehr Eigengeschmack und ist deshalb für dieses Rezept besonders interessant.

MANGOSORBET

Zutaten für 4–6 Personen

FÜR DAS MANGOSORBET
150 g Zucker
7 g Pektin
375 g Wasser
1 Blatt Gelatine
500 g Mangomark
etwas Zitronensaft,
   nach Geschmack

ZUBEREITUNG

Den Zucker und das Pektin vermischen, dann mit dem Wasser aufkochen und einige Minuten köcheln lassen.

Zwischenzeitlich die Gelatine in kaltem Wasser einweichen. Die eingeweichte Gelatine ausdrücken, zugeben und auflösen. Dann das Mangomark unterrühren und je nach Geschmack mit Zitronensaft abschmecken.

Die Sorbetmasse in einer Eismaschine zu feinem Sorbet gefrieren.

TIPP
Dazu passt ein Mangokompott und frische Minze.

HIMBEERSORBET

Zutaten für 4–6 Personen

FÜR DAS HIMBEERSORBET
500 g frische Himbeeren
 oder Himbeerpüree
100 g Zucker
20 g Glukosesirup
½ Vanilleschote

ZUBEREITUNG

Die Himbeeren oder das Himbeerpüree zusammen mit dem Zucker,
dem Glukosesirup und dem aus-
gekratzten Vanillemark aufkochen.
Anschließend abkühlen lassen und
nach Wunsch durch ein Sieb streichen, um die Kerne zu entfernen.

Die Sorbetmasse in einer Eismaschine zu Himbeersorbet
gefrieren.

CAMPARISORBET

Zutaten für 4–6 Personen

FÜR DAS CAMPARISORBET
300 g Wasser
110 g Zucker
110 g Glukosesirup
Schale von 2 unbehandelten
   Zitronen
1 Blatt weiße Gelatine
200 g frisch gepresster Zitronensaft
20 g Limoncello (Zitronenlikör)
100 ml Campari (Bitterlikör)

ZUBEREITUNG

Das Wasser, den Zucker und den
Glukosesirup in einen Topf geben.
Die Schale der Zitronen in feinen
Zesten abreiben und zugeben. Alles
zusammen aufkochen und einige
Minuten ziehen lassen.

Zwischenzeitlich die Gelatine
in kaltem Wasser einweichen.

Den Zuckersirup durch ein feines
Sieb gießen und den Zitronensaft
unterrühren. Davon etwas Flüssigkeit abnehmen und erwärmen,
darin die eingeweichte Gelatine
auflösen und anschließend unter
die restliche Flüssigkeit rühren.
Zum Schluss den Limoncello und
den Campari unterrühren.

Die Sorbetmasse in einer Eismaschine zu feinem Sorbet
gefrieren.

Eis & Sorbet

LIMONCELLO-BASILIKUM-SORBET

Zutaten für 4–6 Personen

**FÜR DAS LIMONCELLO-
BASILIKUM-SORBET**

300 g Wasser
110 g Zucker
110 g Glukosesirup
Schale von 2 unbehandelten
 Zitronen
1 Blatt weiße Gelatine
200 g frisch gepresster Zitronensaft
20 g Limoncello (Zitronenlikör)
1 Bund frisches Basilikum

ZUBEREITUNG

Das Wasser, den Zucker und den
Glukosesirup in einen Topf geben.
Die Schale der Zitronen in feinen
Zesten abreiben und zugeben.
Alles zusammen aufkochen und
einige Minuten ziehen lassen.

Zwischenzeitlich die Gelatine
in kaltem Wasser einweichen.

Den Zuckersirup durch ein feines
Sieb gießen und den Zitronensaft
unterrühren. Davon etwas Flüssigkeit abnehmen und erwärmen,
darin die eingeweichte Gelatine
auflösen und anschließend unter
die restliche Flüssigkeit rühren.
Zum Schluss den Limoncello unterrühren. Die Basilikumblätter abzupfen und unter die Sorbetmasse
mixen. Anschließend passieren.

Die Sorbetmasse in einer Eismaschine zu feinem Sorbet
gefrieren.

ZITRONENSORBET

Zutaten für 4–6 Personen

FÜR DAS SORBET
300 g Wasser
110 g Zucker
110 g Glukosesirup
Schale von 2 unbehandelten Zitronen
1 Blatt weiße Gelatine
200 g frisch gepresster Zitronensaft
20 g Limoncello (Zitronenlikör)

ZUM ANRICHTEN
hauchdünne Zitronenscheiben
frische Zitronenmelisse

ZUBEREITUNG

Das Wasser, den Zucker und den Glukosesirup in einen Topf geben. Die Schale der Zitronen in feinen Zesten abreiben und zugeben. Alles zusammen aufkochen und einige Minuten ziehen lassen.

Zwischenzeitlich die Gelatine in kaltem Wasser einweichen.

Den Zuckersirup durch ein feines Sieb gießen und den Zitronensaft unterrühren. Davon etwas Flüssigkeit abnehmen und erwärmen, darin die eingeweichte Gelatine auflösen und anschließend unter die restliche Flüssigkeit rühren. Zum Schluss den Limoncello unterrühren.

Die Sorbetmasse in einer Eismaschine zu feinem Sorbet gefrieren.

Je eine große Nocke Zitronensorbet in tiefen Schalen anrichten und nach Belieben mit einer hauchdünnen Zitronenscheibe und Zitronenmelisse garnieren.

TIPP
Glukosesirup ist geschmacksneutral und im Fachhandel oder in der Apotheke erhältlich. Er verhindert das Auskristallisieren des Zuckers, garantiert einen zarten Genuss ohne Zuckerklumpen und sorgt für zusätzliche Stabilität und Cremigkeit.

DER TRÜFFEL

VON DER FASZINATION
EINES BESONDEREN PILZES

Liebe auf den ersten Biss war es nicht zwischen Harald Huber und dem Trüffel:
Der charakteristische Duft, den die einen lieben und die anderen kaum ertragen können, war auch ihm zunächst fremd. Und erst im Laufe der Jahre entwickelte sich zwischen den beiden eine innige Beziehung.

Heute hat Harald Huber – je nach Jahreszeit – eine Vielzahl von Trüffelgerichten auf seiner Speisekarte. Zum weißen Alba-Trüffel und dem französischen Périgord gesellte sich inzwischen auch der australische Wintertrüffel, der ihn »so richtig geflasht« hat. Prinzipiell gilt: »Es gibt beim Trüffel nur ein Ja oder Nein, aber kein Vielleicht!«

Und auch eine Vielzahl von Fragen und Antworten zum teuersten Speisepilz der Welt.

WO WACHSEN TRÜFFEL
UND WANN HABEN SIE SAISON?

Trüffel fühlen sich in kalkhaltigen, gut durchlüfteten Böden besonders wohl, die in Europa in Italien, Frankreich und Kroatien vorkommen. Jede Trüffelsorte hat auch ihre eigene Saison: Der berühmte Alba-Trüffel, auch weißer Trüffel genannt, ist von Oktober bis Dezember verfügbar. Den schwarzen Wintertrüffel aus dem Périgord gibt es von Dezember bis März. Durch die unterschiedlichen Jahreszeiten werden in den Sommermonaten neben australischen Trüffeln auch jene aus Neuseeland immer beliebter.

WOHER BEKOMMT DER TRÜFFEL
SEINEN GESCHMACK?

Der unverwechselbare, erdige und aromatische Duft des Trüffels entsteht durch natürliche chemische Verbindungen, die sich im Pilz bilden, wenn dieser mit bestimmten Baumarten wie *Eichen, Haselnusssträuchern oder Pappeln* in Symbiose lebt. Mikroorganismen und spezifische Wetterbedingungen beeinflussen die Geschmacksnuancen und die Intensität der Aromen maßgeblich. Dafür verantwortlich sind eine Vielzahl von unterschiedlichen Duftmolekülen wie Dimethylsulfid, die auch von (Trüffel-)Hunden erschnuppert werden können.

WIE VIELE TRÜFFELSORTEN GIBT ES,
UND WELCHE SIND DIE BELIEBTESTEN?

Es gibt mehr als dreißig essbare Trüffelsorten, doch nur wenige sind in der Spitzengastronomie bekannt und geschätzt. Am begehrtesten sind die *weißen Alba-Trüffel aus Italien* und der *schwarze Wintertrüffel aus dem französischen Périgord*. Daneben gewinnen die australischen Trüffel zunehmend an Popularität und überzeugen mit ähnlichen Geschmacksnuancen wie die Périgord-Trüffel.

WIE LAGERE ICH TRÜFFEL RICHTIG?

Frische Trüffel sollten *kühl und feucht* gelagert werden, um ihre Aromen zu bewahren. Ein häufiger Trick ist es, sie in einem Konservenglas beziehungsweise einem luftdichten Behälter mit mindestens zweilagigem Küchenpapier im Kühlschrank aufzubewahren. Jeder Trüffel wird einzeln eingewickelt, das Papier spätestens nach zwei Tagen gewechselt. Weißer Trüffel hält so sieben bis zehn Tage, Périgord vierzehn Tage. Anders als oft empfohlen, sollten Trüffel nicht in Reis gelagert werden, da dieser ihnen Feuchtigkeit entzieht. So bekommen Sie zwar einen nach Trüffel riechenden Risottoreis – der Geschmack verflüchtigt sich aber schon beim Kochen.

WAS PASST ZU TRÜFFELN?

Trüffel harmonieren besonders gut mit einfachen, aber intensiven Lebensmitteln wie *Pasta, Eiern und Butter*. Ihre komplexen Aromen entfalten sich hervorragend in Gerichten, die den Geschmack des Trüffels in den Vordergrund stellen. Auch *Risottos und zarte Fleischsorten* wie Kalb oder Geflügel bieten sich als Basis an.

WORAUF MUSS ICH
BEI DER VERARBEITUNG ACHTEN?

Im Gegensatz zu schwarzen Trüffeln dürfen die weißen nicht erhitzt werden, weil sie sonst an Aroma verlieren. Daher sollten sie stets *roh auf warme Gerichte* gehobelt werden. Der klassische Trüffelhobel ist dafür bestens geeignet, da er die perfekte Scheibendicke ermöglicht. Trüffel brauchen auch keine »Aufwärmzeit«, sie können direkt aus dem Kühlschrank verwendet werden. Unbedingt beachten: Waschen Sie den Trüffel nicht, sondern bürsten Sie die erdigen Stellen ab.

WORAUF MUSS ICH
BEIM KAUF ACHTEN?

Trüffelkauf ist immer eine Sache des Vertrauens, deshalb ist es ratsam, bei Händlern zu kaufen, die auch die gehobene Gastronomie beliefern. Achten Sie auf einen festen, prallen Trüffel mit *intensiven natürlichen Aromen*. Sollte der Trüffel nicht typisch riechen, wurde er zu jung geerntet. Hochwertige Trüffel sollten keine weichen Stellen oder Anzeichen von Schimmel aufweisen und müssen frisch riechen. Weiße Trüffel werden oft teurer gehandelt als schwarze, aber auch der Preis kann auf die Qualität hinweisen: Günstige Trüffel sollten stets hinterfragt werden.

SIGNATURE

MENÜ

GÄNSELEBER, CONFIERTER DOTTER, PÉRIGORD-TRÜFFEL

FÜR DIE CONFIERTEN DOTTER
250 g Butter
8 frische Eidotter

FÜR DIE TRÜFFELSCHAUMSAUCE
200 ml helle Grundsauce
    (siehe Grundrezept auf Seite 234)
1 EL Périgord-Trüffel-Abschnitte,
    ersatzweise 1 Espressolöffel Trüffelöl
Salz

FÜR GEBRATENE GÄNSELEBER
200 g rohe Gänsestopfleber, geputzt
Salz
Pfeffer

ZUM ANRICHTEN
Selleriepüree
    (siehe Grundrezept auf Seite 239)
4 EL Geflügel- oder Kalbsjus
    (siehe Grundrezepte auf Seite 232 und 235)
20 g frische oder eingelegte Périgord-Trüffel,
    oder je nach Saison frische Alba-Trüffel

ZUBEREITUNG

Für die confierten Dotter die Butter langsam schmelzen und klären, aber nicht bräunen. Anschließend auf 60 °C abkühlen lassen. Die Dotter behutsam in die geklärte Butter geben und im vorgeheizten Backofen bei 60 °C etwa 1 Stunde confieren. Anschließend herausschöpfen und gleich anrichten.

Für die Trüffelschaumsauce die helle Grundsauce aufkochen. Die Trüffelabschnitte zugeben und mit dem Stabmixer schaumig mixen. Zum Schluss mit Salz abschmecken.

Die geputzte Gänsestopfleber in vier fingerdicke Scheiben schneiden und beidseitig mit Salz und Pfeffer würzen. Eine Pfanne erhitzen und die Gänsestopfleber beidseitig kurz und scharf anbraten. Dann gleich anrichten.

Das Selleriepüree auf vier Teller verteilen und rund auseinanderstreichen. Je zwei kleine Mulden formen und je einen confierten Eidotter hineinsetzen. Die gebratene Gänsestopfleber darauflegen. Dann mit etwas Jus beträufeln und mit der Trüffelschaumsauce nappieren. Zum Schluss etwas Périgord-Trüffel fein darüberhobeln.

WEINBEGLEITUNG

2022 Spätburgunder »Frühernberg«,
VDP. Erste Lage
Peter Jakob Kühn, Oestrich-Winkel,
Rheingau, Deutschland

Kein Süßwein, sondern ein eleganter Spätburgunder: Die Gerbstoffe und die lebendige Säure dieses Pinots heben die Röstaromen der gebratenen Gänseleber und balancieren die tiefen Noten von Trüffel und Sellerie perfekt aus.

HUMMERSCHAUMSUPPE, HUMMERTEMPURA

FÜR DIE HUMMERSCHAUMSUPPE

1 kg Hummerkarkassen
2 EL Olivenöl
4 EL Tomatenmark
200 g Suppengemüse (Karotte, Lauch,
   Knollensellerie), gewürfelt
100 ml Weinbrand
200 ml Weißwein
500 ml Gemüsefond
   (siehe Grundrezept auf Seite 233)
1 Knoblauchzehe, geschält
Gewürze (¼ TL Kümmelsamen,
   ¼ TL Koriandersamen, 1 Lorbeerblatt,
   1–2 angedrückte Wacholderbeeren)
1 Bund Basilikum
200 ml Obers, für die Suppe
50 g kalte Butter, zum Montieren
50 ml kaltes Obers, zum Montieren
Salz

FÜR DIE HUMMERTEMPURA

100 g Tempurateig-Mix
eiskaltes Wasser
100 g Hummerfleisch, frisch ausgelöst
etwas Weizenmehl
1 l Sonnenblumenöl, zum Frittieren

ZUM ANRICHTEN

etwas Erdäpfelpüree
   (siehe Grundrezept auf Seite 233)
frische Basilikumspitzen

WEINBEGLEITUNG

*2010 Blanc de Blancs Grande Cuvée
Extra Brut, Battenfeld-Spanier,
Hohen-Sülzen, Rheinhessen, Deutschland*

Chardonnay und Hummer sind eine be-
währte Kombination. Der feine Mousseux
bringt Frische und Leichtigkeit in die cremige Suppe und gleicht die üppige Textur
elegant aus. Ein idealer Balanceakt!

ZUBEREITUNG

Für die Hummerschaumsuppe die Hummerkarkassen in grobe
Stücke teilen und im Olivenöl anrösten. Tomatenmark und
Suppengemüse zugeben und weiterrösten. Dann mit Weinbrand ablöschen und vollkommen einköcheln. Den Weißwein
zugießen und kurz einköcheln. Mit dem Gemüsefond auffüllen
und aufkochen. Den aufsteigenden Schaum abschöpfen und
entsorgen. Knoblauch, Gewürze und Basilikumzweige zugeben
und alles etwa 1 Stunde köcheln lassen. Den Fond passieren
und das Obers zugeben. Die Suppe mit etwas in kaltem Wasser
angerührter Maisstärke sehr leicht binden. Vor dem Anrichten
noch einmal aufkochen. Dann die kalte Butter und das kalte
flüssige Obers zugeben und mit dem Stabmixer schaumig
mixen. Zum Schluss mit Salz abschmecken.

Für die Hummertempura den Tempurateig-Mix nach Verpackungsanweisung mit eiskaltem Wasser anrühren. Sonnenblumenöl auf 180 °C erhitzen. Die Hummerstücke mit Salz würzen und in etwas Weizenmehl wenden. Überschüssiges Mehl
abklopfen. Die Hummerstücke durch den flüssigen Tempurateig
ziehen und im heißen Öl etwa 30 Sekunden knusprig frittieren.
Anschließend kurz auf Küchenpapier abtropfen lassen.

Nach Belieben je etwas Erdäpfelpüree mittig in vier tiefen Teller
anrichten und darauf die Hummertempura setzen. Rundherum
reichlich Hummerschaumsuppe angießen und mit Basilikumspitzen garnieren.

TIPP

Das A und O beim Montieren ist zum einen, dass Butter und
Obers frisch aus dem Kühlschrank kommen, und zum anderen,
dass sofort gemixt wird. Erwärmen sich nämlich Butter und
Obers, bleibt die Suppe flüssig und wird nicht cremig.

Signature-Menü

MADEIRA-ARTISCHOCKEN, CONFIERTER DOTTER, SELLERIE

FÜR DIE MADEIRA-ARTISCHOCKEN

8 frische große Artischocken
2–3 Scheiben Zitrone
50 ml Olivenöl
100 g Zwiebeln, fein gewürfelt
500 ml Gemüsefond
   (siehe Grundrezept auf Seite 233)
500 ml Apfelsaft
100 ml Madeira
50 ml dunkler Balsamico
Salz
Pfeffer
50 g kalte Butter

ZUM ANRICHTEN

4 confierte Dotter
   (siehe Rezept *Gänseleber, confierter Dotter,*
   Périgord-Trüffel auf Seite 196)
100 g Selleriepüree
   (siehe Grundrezept auf Seite 239)
feine Kräuterspitzen und essbare Blüten

ZUBEREITUNG

Das obere Drittel der Artischocken gerade abschneiden und die äußeren harten Blätter ablösen. Den Artischockenstängel gerade abschneiden und das innere Heu am besten mit einem Kugelausstecher herauslösen. Die Artischockenböden rundherum sauber zuschneiden und bis zur Verwendung in Zitronenwasser legen, damit sie nicht braun werden.

Das Olivenöl in einer Pfanne erhitzen und darin die Zwiebeln anschwitzen. Die Artischockenböden zugeben und mit dem Gemüsefond, dem Apfelsaft, dem Madeira und dem dunklen Balsamico aufgießen. Dann mit etwas Salz und Pfeffer würzen. Die Artischockenböden je nach Größe etwa 30 Minuten zugedeckt weich garen.

Die Artischockenböden herausnehmen und den Fond durch ein Sieb passieren. Den Fond leicht einköcheln und mit der kalten Butter schaumig mixen. Zum Schluss noch mal abschmecken.

Je vier Artischockenböden mit Selleriepüree und dem confierten Eidotter füllen und in tiefe Teller setzen. Dann mit essbaren Blüten und Kräuterspitzen garnieren. Zum Schluss mit reichlich schaumigem Madeirafond etwa zu einem Drittel auffüllen.

WEINBEGLEITUNG

2017 Grauburgunder
»Sommerhalde« Bombach
Fritz Waßmer, Bad Krozingen,
Baden, Deutschland

Der nussige Madeira verlangt nach einem reiferen Begleiter. Der Grauburgunder fügt sich ideal ein, unterstützt das Gericht mit seiner dezenten Eleganz und bleibt angenehm zurückhaltend, ohne die Geschmacksnuancen des Madeira zu überdecken.

CHEFS BOUILLABAISSE, SAUCE ROUILLE, KNOBLAUCHBROT

FÜR DIE BOUILLABAISSE

100 g Karotten, geschält
100 g Kohlrabi, geschält
100 g frische Erbsenschoten
Salz
1 l Krustentierfond
  (siehe Grundrezept auf Seite 236)
60 ml Weißwein
60 ml heller Wermut
1 EL Olivenöl
20 g frisches Basilikum

FÜR DIE MIESMUSCHELN

200 g frische Miesmuscheln
1 EL Olivenöl
1 Schuss Weißwein
1 Msp. gehackter Knoblauch

Weiter auf der nächsten Seite.

ZUBEREITUNG

Für die Bouillabaisse die Karotten in feine Scheiben schneiden. Den Kohlrabi in kleine Würfel schneiden. Die Erbsenschoten putzen und quer halbieren. Das Gemüse nacheinander in reichlich Salzwasser bissfest blanchieren und in eiskaltem Wasser abschrecken.

Kurz vor dem Anrichten den Krustentierfond aufkochen und vom Herd nehmen. Mit dem Weißwein und dem Wermut verfeinern und mit Olivenöl und Salz abschmecken. Das abgetropfte blanchierte Gemüse und das fein geschnittene Basilikum zugeben.

Die Miesmuscheln mehrmals in reichlich kaltem Wasser wässern und verlesen. Geöffnete Exemplare aussortieren. Das Olivenöl in einem Topf erhitzen und die Muscheln zugeben. Den Knoblauch zugeben und mit einem Schuss Weißwein ablöschen. Den Topf mit einem Deckel verschließen und die Muscheln etwa 1 Minute garen lassen, bis sich die Schalen öffnen.

WEINBEGLEITUNG

2022 Chardonnay »Steinberg« Reserve, Bründlmayer, Langenlois, Kamptal, Österreich

Die Chardonnay Reserve hält dem intensiven, mineralisch-maritimen Charakter von Muscheln und Fischen souverän stand. Gerade die Wahl der Reserve ist ideal, weil ihre Struktur die Tiefe des Safrans subtil aufgreift und unterstreicht.

CHEFS BOUILLABAISSE,
SAUCE ROUILLE, KNOBLAUCHBROT

**FÜR DEN FISCH UND
DIE MEERESFRÜCHTE**

100 g Wolfsbarschfilet, küchenfertig
50 ml Olivenöl
100 g Rotgarnelen ohne Schale, küchenfertig
100 g Hummerfleisch, frisch ausgelöst
100 g gekochter Oktopus
100 g frische Jakobsmuscheln, geputzt
Salz

FÜR DIE SAUCE ROUILLE

100 g mehlige Kartoffeln, geschält
3–4 Safranfäden
Salz
1 Eidotter
1 Msp. feiner Senf
100 ml Olivenöl
etwas Gemüsefond oder Rindsuppe, nach Bedarf
   (siehe Grundrezepte auf Seite 233 und 236)

FÜR DAS KNOBLAUCHBROT

200 g sehr weiche Butter
Salz
Pfeffer
3–4 frische Knoblauchzehen, nach Geschmack
12 Scheiben Baguette

ZUM ANRICHTEN

frische Basilikumspitzen

Das Wolfsbarschfilet in vier Portionen teilen und in etwas Olivenöl kurz anbraten, dann aus der Pfanne nehmen. Die Rotgarnelen beidseitig in etwas Olivenöl anbraten. Das Hummerfleisch zugeben und kurz durchschwenken. Beides aus der Pfanne nehmen. Den gekochten Oktopus in Stücke schneiden. Etwas Olivenöl in der Pfanne stark erhitzen und darin den Oktopus beidseitig kurz und scharf anrösten. Dann ebenfalls aus der Pfanne nehmen. Die Pfanne stark erhitzen, etwas Olivenöl zugeben und die Jakobsmuscheln darin beidseitig sehr kurz und sehr scharf anbraten. Dann gleich aus der Pfanne nehmen. Alles bis zum Anrichten warm halten.

Für die Sauce Rouille die geschälten Kartoffeln in kleine Würfel schneiden und mit Wasser bedecken. Die Safranfäden und etwas Salz zugeben und gar kochen. Die Kartoffeln abgießen und noch heiß durch die Kartoffelpresse drücken, dann leicht abkühlen lassen. Den Eidotter und etwas Senf zugeben. Alles gut mit einem Schneebesen verrühren und nach und nach das Olivenöl unterrühren, bis eine gebundene Mayonnaise entsteht. Sollte die Mayonnaise zu fest sein, etwas Gemüsefond oder Rindsuppe zugeben. Zum Schluss noch einmal abschmecken.

Für das Knoblauchbrot die sehr weiche Butter hellschaumig aufschlagen und mit Salz und Pfeffer würzen. Die Knoblauchzehen sehr fein hacken und untermengen. Die Knoblauchbutter auf die Baguettescheiben streichen. Kurz vor dem Anrichten die Brotscheiben in einer heißen Pfanne beidseitig goldbraun rösten.

Das Gemüse und den Bouillabaisse-Sud auf vier tiefe Teller verteilen und darauf den angebratenen Wolfsbarsch, den Hummer und die Meeresfrüchte anrichten. Dazu die Sauce Rouille reichen und mit dem Knoblauchbrot servieren.

Die Küchenutensilien müssen immer schnell griffbereit sein.
Deshalb hängen sie über Herd und Arbeitsfläche.

TAFELSPITZ, RÖSTI, CREMESPINAT, SCHNITTLAUCHSAUCE, APFELKREN

FÜR DEN APFELKREN
200 g Äpfel, geschält
100 ml Weißwein
Salz
Pfeffer
etwas Zucker
frisch gepresster Zitronensaft
30 g frischer Kren (Meerrettich), geschält

FÜR DIE SCHNITTLAUCHSAUCE
50 g Toastbrot
100 ml kalte Rindsuppe
 (siehe Grundrezept auf Seite 236)
1 frischer Eidotter
1 gekochtes Ei
1 EL feiner Senf
200 ml Sonnenblumenöl
Salz
Pfeffer
½ Bund frischer Schnittlauch

Weiter auf der nächsten Seite.

ZUBEREITUNG

Für den Apfelkren die geschälten Äpfel grob reiben und mit dem Weißwein einmal aufkochen. Dann mit Salz, Pfeffer, etwas Zucker und frisch gepresstem Zitronensaft abschmecken. Zum Schluss den frisch geriebenen Kren untermengen und kalt stellen.

Für die Schnittlauchsauce das Toastbrot klein schneiden und zusammen mit der kalten Rindsuppe, dem Eidotter, dem gekochten Ei und dem Senf in einen Mixbehälter geben. Alles gut mixen. Nach und nach das Sonnenblumenöl einlaufen lassen und weitermixen, bis eine Emulsion entstanden ist. Das Ganze mit Salz und Pfeffer abschmecken. Zum Schluss den fein geschnittenen Schnittlauch untermengen und die Sauce kalt stellen.

WEINBEGLEITUNG

Wiener Gemischter Satz DAC
Ried Rosengartel 1. ÖTW 2022
Fritz Wieninger, Wien, Österreich

Ein typisch wienerischer Wein zu einem typisch wienerischen Gericht: Der Gemischte Satz Rosengartel bietet eine charmante Alternative zum klassischen Grünen Veltliner und begleitet den Tafelspitz mit feiner Würze und lebendiger Frische.

Signature-Menü

TAFELSPITZ, RÖSTI, CREMESPINAT, SCHNITTLAUCHSAUCE, APFELKREN

FÜR DIE RÖSTI
600 g gekochte speckige Erdäpfel,
  gut abgekühlt oder vom Vortag
Salz
Pfeffer
frisch geriebene Muskatnuss
Sonnenblumenöl, zum Braten

FÜR DEN CREMESPINAT
30 g Butter
30 g griffiges Weizenmehl
250 ml Milch
1 Knoblauchzehe
Salz
Pfeffer
frisch geriebene Muskatnuss
300 g passierter Blattspinat
  (TK-Produkt, aufgetaut und abgetropft)

FÜR DEN TAFELSPITZ
800 g gekochter Tafelspitz
  (siehe Rezept *Klare Rindsuppe* auf Seite 236)
80 g gemischtes Gemüse
  (Karotten, Lauch, Knollensellerie), geputzt
1 l klare Rindsuppe

ZUM ANRICHTEN
½ Bund frischer Schnittlauch, fein geschnitten

Für die Rösti die Erdäpfel pellen und grob reiben. Dann mit Salz, Pfeffer und frisch geriebener Muskatnuss würzen. Reichlich Sonnenblumenöl in einer beschichteten Pfanne erhitzen, die Kartoffelmasse zugeben und verteilen. Dann langsam von beiden Seiten goldbraun und knusprig ausbacken. Die Rösti kurz auf Küchenpapier abtropfen lassen und anschließend daraus Kreise ausstechen.

Für den Cremespinat die Butter aufschäumen. Das griffige Weizenmehl zugeben und unter stetigem Rühren zu einer hellen Einbrenn rösten. Dann mit der Milch ablöschen, kräftig verrühren und einige Minuten aufkochen. Die Knoblauchzehe schälen, fein hacken und zugeben. Die Sauce mit Salz, Pfeffer und frisch geriebener Muskatnuss abschmecken und in einen Mixer füllen. Den passierten Blattspinat untermixen und noch einmal abschmecken.

Vor dem Anrichten den Tafelspitz gegen die Faser in vier Scheiben schneiden. Das Gemüse in lange dünne Streifen schneiden (Julienne). Die Rindsuppe aufkochen, die Gemüse-Julienne und den Tafelspitz zugeben und kurz erhitzen.

Den Tafelspitz zusammen mit der Gemüse-Julienne in tiefen Tellern anrichten und mit fein geschnittenem Schnittlauch bestreuen. Die Rindsuppe angießen. Dazu die Rösti, den Cremespinat, die Schnittlauchsauce und den Apfelkren reichen.

Oft startet Harald Hubers Arbeitstag mit dem Ansetzen einer kräftigen
Rindsuppe. Der Topf dafür kann nie groß genug sein.

KAROTTEN-APFEL-SORBET

FÜR DAS SORBET
300 g Äpfel mit Schale, ohne Kerngehäuse
300 g Karotten, geschält
300 ml Karottensaft
200 ml Apfelsaft
70 g Glukosesirup (45° Verzuckerung)
50 g Zucker

FÜR DIE APFELCHIPS
100 ml Wasser
100 g Feinkristallzucker
1 Apfel

ZUM ANRICHTEN
frische Minze

ZUBEREITUNG

Für das Sorbet die Äpfel samt der Schale fein reiben. Die Karotten ebenfalls fein reiben. Beides mit den restlichen Zutaten aufkochen und kurz köcheln lassen. Die Mischung fein mixen und abkühlen lassen. Danach in einer Eismaschine zu Sorbet gefrieren.

Für die Apfelchips das Wasser und den Feinkristallzucker aufkochen. Den Apfel samt der Schale und dem Kerngehäuse in sehr feine Scheiben hobeln. Die Apfelscheiben durch den Zuckersirup ziehen, auf einer Backmatte verteilen und im Backofen bei 50 °C etwa 1 Stunde trocknen lassen.

Vom Sorbet große Nocken abstechen und mit Apfelchips und frischer Minze garnieren.

TIPP
Prinzipiell ist die Wahl der Apfelsorte Ihnen überlassen. Ich verwende am liebsten Elstar oder Boskop, Letztere weist mehr Säure auf.

WEINBEGLEITUNG

Brut Reserve, Schloss Gobelsburg,
Sekt Austria Reserve Niederösterreich g. U.,
Langenlois, Kamptal, Österreich

Belebend wie das Sorbet selbst: Der Gobelsburg Brut Reserve überzeugt mit seinen apfeligen Nuancen und der feinen Perlage. Er wirkt auflockernd und aufräumend wie das Sorbet und sorgt für einen erfrischenden Abschluss.

REHRÜCKEN, PÉRIGORD-TRÜFFEL, WALDPILZE, PREISELBEEREN

FÜR DEN REHRÜCKEN

500 g ausgelöster Rehrücken, ohne Knochen
Salz
Pfeffer
1 EL Olivenöl
1 EL Butter

FÜR DIE WALDPILZE

100 g frische Waldpilze oder andere Speisepilze,
　je nach Saison, z. B. Steinpilze, Kräuterseitlinge
1 EL Olivenöl
Salz

FÜR DIE PREISELBEER-REHJUS

100 ml Rehjus
　(siehe Grundrezept auf Seite 238)
50 g eingemachte Preiselbeeren
Salz

ZUM ANRICHTEN

500 g Selleriepüree
　(siehe Grundrezept auf Seite 239)
50 g frische Erbsenschoten, roh in
　feine Streifen geschnitten
15 g frischer Périgord-Trüffel, nach Belieben
frische Enoki-Pilze, knusprig frittiert

ZUBEREITUNG

Den Rehrücken in vier Portionen schneiden und rundherum mit Salz und Pfeffer würzen. Dann im Olivenöl und in der Butter rundherum kurz und scharf anbraten. Das Fleisch auf ein Backblech legen und im vorgeheizten Backofen bei 80 °C etwa 18 Minuten rosa durchziehen lassen.

Die Waldpilze putzen und in Stücke teilen. Dann im Olivenöl scharf anbraten und mit Salz würzen.

Die Rehjus mit den eingemachten Preiselbeeren einmal aufkochen. Je nach Geschmack mit Salz abschmecken.

Das Selleriepüree auf vier Teller verteilen und zu einem Spiegel verstreichen. Darauf die Waldpilze verteilen. Den Rehrücken in dicke Scheiben schneiden und auf dem Selleriepüree anrichten. Dann mit frischen Erbsenschoten-Streifen garnieren und mit der Preiselbeer-Rehjus beträufeln. Nach Belieben frische Périgord-Trüffel fein darüberhobeln und mittig einige frittierte Enoki-Pilze in das Arrangement stecken.

WEINBEGLEITUNG

2019 Blaufränkisch »Ungerberg«
Paul Achs, Gols, Neusiedlersee, Österreich

Der Rehrücken verlangt nach Eleganz und Charakter. Der kraftvolle Blaufränkische aus dem reifen, warmen Jahrgang 2019 beeindruckt mit seiner Würze und Fruchtfülle. Diese verbinden sich harmonisch mit den Preiselbeeren und unterstreichen die Kraft des Wildgerichts.

TALEGGIO, GEWÜRZBROT, FEIGENSENF

FÜR DAS TALEGGIO-SANDWICH
300 g Taleggio – Weichkäse
16 kleine Scheiben Gewürzbrot,
    dünn geschnitten
50 g Butter

ZUM ANRICHTEN
100 g frischer Rucola, mariniert
frische Basilikumspitzen
Feigensenf, aus dem Glas

ZUBEREITUNG

Den Taleggio in acht etwa 1,5 cm dicke Scheiben schneiden und jeweils zwischen zwei Gewürzbrotscheiben legen, sodass ein Sandwich entsteht. Die Taleggio-Sandwiches langsam in der Butter beidseitig goldbraun ausbacken, dabei darauf achten, dass der Käse nicht zu sehr ausläuft.

Je zwei Taleggio-Sandwiches mit dem marinierten Rucola auf Teller anrichten und mit Basilikumspitzen garnieren. Noch heiß mit etwas Feigensenf servieren.

WAS IST EIN GEWÜRZBROT?
Wie der Name schon sagt, ist hier von einem Brot die Rede, das viele typische Gewürze enthält. In unserem Fall sind das Fenchel, Anis, Kümmel, Koriander – je mehr, desto besser, um den Käsegeschmack noch mehr hervorzuheben. Allerdings sind diese Gewürze nicht jedermanns Sache – das Rezept funktioniert auch mit Ihrem Lieblingsbrot.

WEINBEGLEITUNG

2012 Gewürztraminer »Wielitschberg«,
Familie Tement, Ehrenhausen,
Südsteiermark, Österreich

Der gereifte Gewürztraminer mit seiner Intensität und Vollmundigkeit betont die fruchtige Komponente des Feigensenfs und ergänzt die pikante Würze des Taleggio. Durch seine Reife trägt er zudem zu einem abgerundeten Gesamtbild bei, ohne den Käse durch pappige Restsüße zu erdrücken.

HEIDELBEERDATSCHI

FÜR DIE HEIDELBEERDATSCHI
320 g frische Waldheidelbeeren (siehe Tipp)
100 ml Rotwein oder Heidelbeerfruchtsaft
80 g Kristallzucker
150 g griffiges Weizenmehl

ZUM AUSBACKEN
70 g Butter
50 g Kristallzucker, zum Karamellisieren

ZUM ANRICHTEN
Staubzucker
frische Minze

ZUBEREITUNG

Die frischen Waldheidelbeeren mit dem Rotwein, dem Kristallzucker und dem griffigen Weizenmehl vermengen. Den Teig kurz ruhen lassen.

Zum Ausbacken die Butter in einer Pfanne aufschäumen. Nach und nach insgesamt zwölf gleich große Teigportionen in die Pfanne geben und bei milder Hitze beidseitig anbraten. Dabei die fertig gebackenen Heidelbeerdatschi mit etwas Kristallzucker bestreuen, wenden und karamellisieren. Dann erneut mit etwas Kristallzucker bestreuen, wenden und auf der zweiten Seite ebenfalls karamellisieren.

Je drei frisch karamellisierte Heidelbeerdatschi auf Tellern anrichten und leicht mit Staubzucker bestäuben. Dann mit Minze garnieren und mit dem Milcheis servieren.

TIPP
Das Rezept kann auch mit eingefrorenen Waldheidelbeeren (TK-Produkt) zubereitet werden. Dafür den Rotwein weglassen, da die TK-Heidelbeeren mehr Saft abgeben und der Teig sonst zu flüssig wird. Je nach Teigkonsistenz zusätzlich etwa 50 g griffiges Weizenmehl zugeben.

Dazu passt Milcheis, siehe Rezept auf Seite 176.

WEINBEGLEITUNG

2021 Grüner Veltliner Eiswein
Müller, Krustetten, Kremstal,
Österreich

Die kräftige Süße des Eisweins wird durch eine lebendige Säure perfekt ausbalanciert. Die Wahl einer »helleren« Rebsorte, wie des Grünen Veltliners, hebt auch die zarteren Nuancen des Milcheises und macht diese süße Verbindung zum idealen Pas de deux.

LIEBLINGS-
GERICHT

Andrea und Harald Huber verwöhnen sich gern selbst mit
ihren Lieblingsgerichten und einem edlen Tropfen.

KAISERSCHMARRN

»Der Kaiserschmarrn mit Apfelmus und Zwetschkenröster ist Kindheitserinnerung pur. Meine Mama hat ihn oft sogar schon zum Frühstück gemacht – einfach wie es ihr eingefallen ist oder wenn der Papa danach verlangt hat.

Ich weiß noch genau, wie ich im Bett gelegen bin, da war es halb sieben in der Früh, und plötzlich war da dieser Duft. Es gibt nichts Besseres. Und das Schöne daran ist:

Der Harald macht den Kaiserschmarrn genau so, wie ihn meine Mama damals gemacht hat.«

ANDREA HUBER

KAISERSCHMARRN

FÜR DEN KAISERSCHMARRN
115 g glattes Weizenmehl
1 Prise Salz
5 g Zucker
285 ml Milch
4 Eier
30 g Butter
30 g Rosinen, in Rum eingelegt (nach Belieben)
etwas Zucker, zum Karamellisieren

ANRICHTEN
Staubzucker, zum Bestäuben
Apfelmus oder Zwetschkenröster
   (siehe Grundrezepte auf Seite 230 und 241)

ZUBEREITUNG

Für den Teig das Weizenmehl, das Salz und den Zucker vermischen. Die Milch nach und nach klumpenfrei unterrühren. Dann die Eier locker untermengen, sodass die Eiweißstruktur noch gut erkennbar ist.

Die Butter in einer großen beschichteten Pfanne oder zwei kleineren beschichteten Pfannen aufschäumen und den Teig einfüllen. Nach Belieben die Rumrosinen auf dem Teig verteilen. Die Pfanne mit einem Deckel verschließen und bei milder Hitze so lange backen, bis die Unterseite gebräunt ist. Die Teigoberfläche mit Zucker bestreuen und den Teig vorsichtig wenden. Die Pfanne mit einem Deckel verschließen und so fertig backen.

Den Kaiserschmarrn mit zwei Löffeln in Stücke reißen und auf vier Tellern anrichten. Dann mit Staubzucker bestäuben und warm servieren. Nach Belieben mit Zwetschkenröster oder Apfelmus servieren.

TIPP
Als Faustregel gilt: Für eine Person verwende ich 1 Ei und 100 g der Grundmasse (Mehl-Milch-Mischung).

GEZUPFTES LANDHENDL, ERBSENRISOTTO, MORCHELN

»Immer wenn mich jemand gefragt hat, was meine Henkersmahlzeit wäre, war meine Antwort: Reis mit Hendlsaft. Das kenn ich von meiner Großmutter, und ich hab es geliebt.

Vor einiger Zeit war ich dann aber bei Martin Klein im Hangar-7, es gab eine spanische Weinverkostung mit Schwergewichten um die 15, 16 Prozent, und dann hat Martin dieses gezupfte Hendl serviert. Ich hab nur gedacht: ›Bist du wahnsinnig, das ist der Hammer!‹ Es war wie die Perfektion meines Kindheitstraums.

Natürlich habe ich das Rezept mitgenommen, es modifiziert und auf unseren Betrieb umgemünzt. Unsere Gäste lieben es. Aber ich lieb's noch mehr.«

HARALD HUBER

GEZUPFTES LANDHENDL, ERBSENRISOTTO, MORCHELN

FÜR DAS GEZUPFTE LANDHENDL

1 ganzes Landhendl, küchenfertig, ca. 1,2 kg
Salz
Pfeffer
1 EL Olivenöl
1 EL Butter
50 g Zwiebeln, gewürfelt
50 g Knollensellerie, gewürfelt
50 g Karotten, gewürfelt
50 g Lauch, geputzt und geschnitten
1 l Gemüsefond
    (siehe Grundrezept auf Seite 233)
500 ml Geflügeljus
    (siehe Grundrezept auf Seite 232)
1 frischer Zweig Rosmarin

FÜR DAS ERBSENRISOTTO

50 g Butter oder Olivenöl
50 g Zwiebeln, fein gewürfelt
120 g Carnaroli-Risottoreis
300 ml heißer Gemüsefond
    Salz
Pfeffer
80 g frisch geriebener Parmesan
50 g geschlagenes Obers
100 g blanchierte Erbsenkerne

FÜR DIE MORCHELN

120 g frische oder eingeweichte
    getrocknete Speisemorcheln, ersatzweise
    andere Speisepilze der Saison
2 EL Zwiebelpaste
    (siehe Grundrezept auf Seite 241)
1 Msp. fein gehackter Knoblauch
Salz
Pfeffer
2 EL frische Petersilie, gehackt

ZUM ANRICHTEN

frischer Rosmarin oder Basilikumspitzen

ZUBEREITUNG

Das Landhendl mit den Knochen und der Haut in acht Stücke zerteilen und rundherum mit Salz und Pfeffer würzen. Das Olivenöl und die Butter in einem Bräter erhitzen und die Landhendlstücke rundherum anbraten. Das Gemüse zugeben und kurz mitbraten. Dann mit dem Gemüsefond und der Geflügeljus auffüllen. Den Rosmarinzweig zugeben und alles zusammen etwa 1½ Stunden weich schmoren. Das Hendl aus der Sauce nehmen. Die Sauce durch ein feines Sieb gießen und zurück in den Bräter geben, dann wieder aufkochen. Das Hendlfleisch von Knochen und Haut lösen und grob zerzupfen. Dann zurück in die Sauce geben und erwärmen. Zum Schluss mit Salz und Pfeffer abschmecken.

Für das Erbsenrisotto die Butter in einem Topf erhitzen und darin die fein gewürfelten Zwiebeln und den Risottoreis farblos anschwitzen. Dann nach und nach mit heißem Gemüsefond aufgießen und jeweils die Flüssigkeit einköcheln lassen, bis der Reis bissfest gegart ist. Das Risotto mit Salz und Pfeffer würzen. Den frisch geriebenen Parmesan unterrühren und das geschlagene Obers unterheben. Zum Schluss die blanchierten Erbsenkerne untermengen und gleich anrichten.

Die Speisemorcheln sorgfältig putzen. Die Zwiebelpaste in einer Pfanne erhitzen. Die Speisemorcheln und den Knoblauch zugeben und anschwitzen. Dann mit Salz und Pfeffer würzen und zum Schluss die frisch gehackte Petersilie zugeben.

Das Erbsenrisotto auf vier tiefe Teller verteilen und darauf das gezupfte Landhendl und die Morcheln anrichten. Dann mit frischem Rosmarin oder Basilikumspitzen garnieren.

GRUND

REZEPTE

APFELMUS

FÜR DAS APFELMUS

400 g Äpfel, geschält und entkernt
100 g Gelierzucker (3:1)
Saft von ½ Zitrone
¼ Zimtstange
1 Sternanis
1 Gewürznelke
etwas Vanillezucker, zum Verfeinern

ZUBEREITUNG

Die Äpfel schälen, entkernen und grob würfeln.
Die Apfelwürfel in einen Topf geben und mit dem
Gelierzucker und dem Zitronensaft vermengen.
Ein Gewürzsäckchen mit Zimtstange, Sternanis und
Gewürznelke zufügen und alles zusammen zugedeckt
sanft köcheln lassen, bis die Äpfel weich sind.

Das Gewürzsäckchen entfernen, den gesamten Topfinhalt fein pürieren und nach Bedarf durch ein Sieb
streichen. Das Apfelmus mit Vanillezucker verfeinern
und abkühlen lassen.

TIPP

Es eignet sich jede Apfelsorte, je nachdem, was einem
schmeckt und was die Saison bietet.

Zum Apfelmus passt sehr gut ein *Kaiserschmarrn*
(siehe Rezept auf Seite 222).

BÄRLAUCH-MAYONNAISE

FÜR DIE BÄRLAUCHMAYONNAISE

1 frischer Eidotter
20 g Estragonsenf
1 EL Bärlauchpesto
   (siehe Grundrezept rechte Seite)
200 ml Sonnenblumenöl
Salz
Pfeffer

ZUBEREITUNG

Den Eidotter, den Estragonsenf und das Bärlauchpesto in einen Mixbehälter geben und kurz mit dem
Stabmixer rühren. Dann nach und nach das Sonnenblumenöl hinzugeben und weiter mixen, bis eine
cremige Emulsion entstanden ist. Die Bärlauch-
mayonnaise mit Salz und Pfeffer abschmecken und
kalt stellen.

Zum Anrichten die Bärlauchmayonnaise am besten
in einen Spritzbeutel füllen.

TIPP

Für die Mayonnaise bevorzuge ich Sonnenblumen- statt
Olivenöl – weil es in Kombination mit dem ohnehin so
intensiven Bärlauchgeschmack neutraler ist. Außerdem
stockt es nicht so fest, die Mayonnaise erhält dadurch
eine weiche, cremige Konsistenz.

BÄRLAUCH-
PESTO

FÜR DAS BÄRLAUCHPESTO
50 g frische Bärlauchblätter
50 g frische Spinatblätter
Salz
100 g Butter
100 ml Sonnenblumenöl

ZUBEREITUNG

Den Bärlauch und den Spinat in reichlich Salzwasser
kurz blanchieren, herausschöpfen und in Eiswasser
abschrecken. Anschließend gut ausdrücken und
in einen Mixbehälter füllen.

Die Butter behutsam schmelzen und abkühlen lassen.
Die abgekühlte, aber noch flüssige Butter zum Bärlauch geben. Das Sonnenblumenöl zugießen und alles
zusammen mit dem Stabmixer fein pürieren.

Das Bärlauchpesto in ein verschließbares Glas füllen
und im Kühlschrank verwahren.

TIPP
Bei diesem Pesto verzichte ich bewusst auf Pinienkerne
oder Ähnliches, weil es ohne sie länger haltbar ist. Ich
gebe auch keinen Käse dazu, weil er die feine Intensität
des Bärlauchs schmälern würde.

BROTCHIPS

FÜR DIE BROTCHIPS
1 mittleres Stück Gewürzbrot
    oder anderes Brot nach Wunsch
Olivenöl, zum Beträufeln
Salz

ZUBEREITUNG

Das Gewürzbrot mit einer Aufschnittmaschine so
dünn wie möglich aufschneiden. Die Brotscheiben
auf ein Backblech legen und mit Olivenöl beträufeln.

Anschließend im vorgeheizten Backofen bei 60 °C
etwa 10–12 Minuten trocknen lassen.

DUNKLE GEFLÜGELJUS

ERDÄPFELCHIPS

Zutaten für etwa 400–450 ml

FÜR DIE GEFLÜGELJUS

1 kg ausgelöste Hühnerkarkassen
100 ml Sonnenblumenöl
250 g grob gewürfeltes Suppengemüse
  (Karotte, Knollensellerie, Petersilienwurzel)
4 EL Tomatenmark
250 ml Rotwein
1 l Gemüsefond oder Wasser
4–5 schwarze Pfefferkörner
½ TL Korianderkörner
1–2 Wacholderbeeren, angedrückt
2 Lorbeerblätter
½ Zweig frischer Rosmarin

Salz
50 ml roter Portwein
50 ml Marsala-Wein
etwas glutenfreies Mehl oder Xanthan, zum Binden

ZUBEREITUNG

Die grob zerteilten Hühnerkarkassen im Sonnenblumenöl goldbraun rösten. Das grob gewürfelte Suppengemüse zugeben und ebenfalls anrösten. Dann das Tomatenmark zufügen und kurz anrösten. Alles mit etwas Rotwein ablöschen und vollkommen einkochen, bis alles erneut zu rösten beginnt. Auf diese Weise den ganzen Rotwein verbrauchen. Anschließend mit kaltem Gemüsefond auffüllen und langsam aufkochen.

Den Fond 1 Stunde köcheln lassen. Danach die Gewürze und etwas Salz zufügen und weitere 30 Minuten köcheln lassen. Den Geflügelfond durch ein feines Sieb gießen.

Den Geflügelfond mit dem Portwein und dem Marsala-Wein aufkochen und etwas einköcheln, bis der gewünschte Geschmack erreicht ist. Je nach Verwendung mit etwas in kaltem Wasser angerührtem glutenfreien Mehl oder mit Xanthan leicht binden. Zum Schluss mit Salz abschmecken.

Die dunkle Geflügeljus bis zur Verwendung kalt stellen oder portionsweise einfrieren.

FÜR DIE ERDÄPFELCHIPS

1 mittelgroßer speckiger Erdapfel
500 ml Sonnenblumenöl
Salz

ZUBEREITUNG

Den Erdapfel nach Belieben schälen und in dünne Scheiben hobeln. Die Erdäpfelscheiben 10 Minuten in kaltes Wasser legen, danach herausnehmen und gut trocken tupfen.

Das Sonnenblumenöl auf 160 °C erhitzen und die Erdäpfelscheiben goldgelb ausbacken. Dann herausschöpfen und auf Küchenpapier abtropfen lassen. Zum Schluss mit Salz würzen.

TIPP

Auf diese Weise können auch Gemüsechips frittiert werden. Gut geeignet sind Topinambur oder Knollensellerie.

ERDÄPFELPÜREE

GEMÜSEFOND

Zutaten für etwa 600–700 ml

FÜR DAS ERDÄPFELPÜREE
500 g mehlig kochende Kartoffeln, geschält
Salz
125 g Butter
50 ml Obers
Salz
Pfeffer
frisch geriebene Muskatnuss

FÜR DEN GEMÜSEFOND
1 l Wasser
300 g grob gewürfeltes Suppengemüse
    (Karotte, Knollensellerie, Lauch, Petersilienwurzel)
Salz
4–5 schwarze Pfefferkörner
½ TL Korianderkörner
1–2 Wacholderbeeren, angedrückt
2 Lorbeerblätter
½ Zweig frischer Rosmarin

ZUBEREITUNG

Die geschälten Kartoffeln in Salzwasser weich kochen, abgießen und heiß passieren. Die Butter schmelzen und mit dem erwärmten Obers unter die passierten Kartoffeln mengen. Das Püree mit Salz, Pfeffer und Muskatnuss abschmecken.

ZUBEREITUNG

Das Gemüse in das kalte Wasser geben und langsam aufkochen. Den aufsteigenden Schaum abschöpfen und entsorgen. Dann etwas Salz und die Gewürze zugeben und 1½ Stunden leicht köcheln lassen. Den Gemüsefond durch ein Sieb gießen und bis zur Verwendung kalt stellen.

GRUNDSUPPE UND HELLE GRUNDSAUCE

HELLER GEFLÜGELFOND

Zutaten für etwa 600–700 ml

FÜR DIE SUPPENBASIS
100 g Zwiebeln, geschält
100 g Lauch, geputzt
100 g frische Champignons, geputzt
50 g Butter
600 ml Gemüsefond
  (siehe Grundrezept auf Seite 233)
400 ml Obers
Salz
Pfeffer
etwas Maisstärke,
  optional für die helle Grundsauce

Zutaten für etwa 700–750 ml

FÜR DEN GEFLÜGELFOND
3 ausgelöste Hühnerkarkassen
  oder -knochen, ca. 400 g
300 g grob gewürfeltes Suppengemüse
  (Karotte, Knollensellerie, Lauch, Petersilienwurzel)
kaltes Wasser, zum Auffüllen
Salz
4–5 schwarze Pfefferkörner
½ TL Korianderkörner
1–2 Wacholderbeeren, angedrückt
2 Lorbeerblätter
½ Zweig frischer Rosmarin

ZUBEREITUNG

Für die Suppenbasis die Zwiebeln fein würfeln.
Den Lauch in feine Ringe und die Champignons
in Scheiben schneiden. Das Gemüse in der Butter
farblos anschwitzen und mit dem Gemüsefond
auffüllen. Das Obers zufügen und etwa 20 Minuten
leicht einköcheln.

Den gesamten Topfinhalt mixen und durch ein Sieb
passieren.

Die Grundsuppe mit Salz und Pfeffer abschmecken,
abkühlen lassen und bis zur Verwendung im Kühlschrank lagern.

ZUBEREITUNG

Die Hühnerkarkassen grob zerkleinern und mit dem
grob gewürfelten Suppengemüse in einen Topf geben.
Dann mit kaltem Wasser bedecken und langsam aufkochen. Den aufsteigenden Schaum abschöpfen und
entsorgen. Dann etwas Salz und die Gewürze zugeben
und 1½ Stunden leicht köcheln lassen. Den Geflügelfond durch ein Sieb gießen und bis zur Verwendung
kalt stellen.

TIPP
Für die helle Grundsauce etwas Maisstärke mit wenig
kaltem Wasser anrühren und die Grundsuppe damit
leicht binden.

KALBSFOND

KALBSJUS

Zutaten für etwa 700 ml

FÜR DEN KALBSFOND
1 kg Kalbsknochen
1 ausgelöste Hühnerkarkasse
100 ml Sonnenblumenöl
250 g grob gewürfeltes Suppengemüse
   (Karotte, Knollensellerie, Petersilienwurzel)
4 EL Tomatenmark
250 ml Rotwein
1 l Gemüsefond oder Wasser
4–5 schwarze Pfefferkörner
½ TL Korianderkörner
1–2 Wacholderbeeren, angedrückt
2 Lorbeerblätter
½ Zweig frischer Rosmarin
Salz

ZUBEREITUNG

Die Kalbsknochen und die grob zerteilte Hühnerkarkasse im Sonnenblumenöl goldbraun rösten.
Das grob gewürfelte Suppengemüse zugeben und
ebenfalls anrösten. Dann das Tomatenmark zufügen
und kurz anrösten. Alles mit etwas Rotwein ablöschen und vollkommen einkochen, bis alles erneut
zu rösten beginnt. Auf diese Weise den ganzen
Rotwein verbrauchen. Anschließend mit kaltem
Gemüsefond auffüllen und langsam aufkochen.

Den Fond 1 Stunde köcheln lassen. Danach die Gewürze und etwas Salz zufügen und weitere 30 Minuten
köcheln lassen. Den Kalbsfond durch ein feines Sieb
gießen und bis zur Verwendung kalt stellen.

Zutaten für etwa 400–450 ml

FÜR DIE KALBSJUS
700 ml Kalbsfond
   (siehe Grundrezept links)
50 ml roter Portwein
50 ml Marsala-Wein
etwas glutenfreies Mehl
   oder Xanthan, zum Binden
Salz

ZUBEREITUNG

Den Kalbsfond mit dem Portwein und dem Marsala-
Wein aufkochen und etwas einköcheln, bis der gewünschte Geschmack erreicht ist. Je nach Verwendung
mit etwas in kaltem Wasser angerührtem, glutenfreiem Mehl oder mit Xanthan leicht binden. Zum
Schluss mit Salz abschmecken.

Die Kalbsjus bis zur Verwendung kalt stellen oder
portionsweise einfrieren.

KLARE RINDSUPPE

Zutaten für etwa 1,5–2 l

FÜR DIE KLARE RINDSUPPE
2 kg Tafelspitz vom Rind
2 gelbe Zwiebeln, mit Schale
2 Petersilienwurzeln
100 g Lauch, geputzt
1 Bund Suppengrün
etwas frisches Liebstöckel
3 Wacholderbeeren
10 schwarze Pfefferkörner
etwas Muskatnuss, frisch gerieben
Salz

ZUBEREITUNG

Den Tafelspitz in einen großen Topf legen und vollständig mit reichlich kaltem Wasser bedecken. Dann langsam zum Kochen bringen. Den aufsteigenden Schaum abtragen und entsorgen. Den Tafelspitz zugedeckt 1 Stunde köcheln lassen, dabei darauf achten, dass das Fleisch immer komplett mit Wasser bedeckt ist.

Die Zwiebeln samt der Schale vierteln. Die Petersilienwurzeln schälen und den Lauch putzen. Beides in große Stücke schneiden. Das gesamte Gemüse, das Suppengrün, etwas frisches Liebstöckel und die Gewürze zugeben. Den Tafelspitz etwa 3 Stunden sanft köcheln lassen, bis das Fleisch weich ist. Danach die Suppe abseihen und mit Salz abschmecken.

Die Rindsuppe kalt stellen oder bis zum Gebrauch gerne einfrieren.

TIPP
Den Tafelspitz in kaltes Wasser legen und so abkühlen lassen, danach bis zum Gebrauch im kalten Wasser aufbewahren.

Ein Rezept für *Tafelspitz, Rösti, Cremespinat, Schnittlauchsauce, Apfelkren* befindet sich auf Seite 208.

KRUSTENTIER-FOND UND KRUSTENTIER-SCHAUM

Zutaten für etwa 500 ml

FÜR DEN KRUSTENTIERFOND
1 kg Krustentierkarkassen,
   z. B. Hummer, Langusten, Scampi
2 EL Olivenöl
4 EL Tomatenmark
200 g Suppengemüse (Karotte, Lauch,
   Knollensellerie), gewürfelt
100 ml Weinbrand
200 ml Weißwein
500 ml Gemüsefond
   (siehe Grundrezept auf Seite 233)
1 Knoblauchzehe, geschält
¼ TL Kümmelsamen
¼ TL Koriandersamen
1 Lorbeerblatt
1–2 angedrückte Wacholderbeeren
1 Bund Basilikum
Salz

ZUBEREITUNG

Für den Krustentierfond die Krustentierkarkassen in grobe Stücke teilen und im Olivenöl anrösten. Das Tomatenmark und das Suppengemüse zugeben und weiterrösten. Dann mit dem Weinbrand ablöschen und vollkommen einköcheln. Den Weißwein zugießen und kurz einköcheln. Dann mit dem Gemüsefond auffüllen und aufkochen. Den aufsteigenden Schaum abschöpfen und entsorgen. Den Knoblauch, die Gewürze und die Basilikumzweige zugeben und alles zusammen etwa 1 Stunde sanft köcheln lassen. Den Fond passieren, mit Salz abschmecken und kalt stellen.

TIPP
Für eine Krustentierschaumsauce dem fertigen Krustentierfond 200 ml Obers zufügen. Dann mit etwas in kaltem Wasser angerührter Maisstärke leicht binden und mit Salz abschmecken. Vor dem Anrichten schaumig mixen.

NUDELTEIG

FÜR DEN NUDELTEIG
400 g griffiges Weizenmehl
4 Eier
50 g Olivenöl
griffiges Weizenmehl, zum Arbeiten

ZUBEREITUNG

Für den Nudelteig das griffige Weizenmehl, die Eier und das Olivenöl zu einem glatten, geschmeidigen Teig verkneten und zugedeckt kurz ruhen lassen. Den Nudelteig portionsweise mit einer Nudelmaschine oder mit einem Nudelholz zu hauchdünnen Bahnen ausrollen.

Für feine Bandnudeln die Teigbahnen aufrollen und in dünne Streifen schneiden. Die Bandnudeln mit etwas griffigem Weizenmehl bestreuen und zu Nestern formen.

TIPP
Ein Rezept für gefüllte Nudeln finden Sie auf Seite 40: *Eierschwammerlravioli, braune Butter.*

PALATSCHINKEN

FÜR DIE PALATSCHINKEN
75 g glattes Weizenmehl
185 ml Milch
2 Eier
75 g flüssige Butter
25 ml Sonnenblumenöl
Salz
Pfeffer
Muskatnuss, frisch gerieben
fein gehackte Kräuter (optional, nach Belieben)

ZUBEREITUNG

Das Weizenmehl, die Milch, die Eier, die flüssige Butter und das Sonnenblumenöl zu einem glatten Teig verrühren und mit Salz, Pfeffer und frisch geriebener Muskatnuss würzen. Nach Belieben gehackte Kräuter untermengen.

Den Teig portionsweise in einer Pfanne beidseitig dünn und goldgelb ausbacken.

TIPP
Für süße Palatschinken den Teig ohne Pfeffer, Muskatnuss und Kräuter zubereiten.

REHJUS UND LAMMJUS

Zutaten für etwa 400 ml

FÜR DIE REHJUS

1 kg Rehknochen
100 ml Sonnenblumenöl
250 g grob gewürfeltes Suppengemüse
   (Karotte, Knollensellerie, Petersilienwurzel)
4 EL Tomatenmark
250 ml Rotwein
1 l Gemüsefond oder Wasser
4–5 schwarze Pfefferkörner
½ TL Korianderkörner
1–2 Wacholderbeeren, angedrückt
2 Lorbeerblätter
½ Zweig frischer Rosmarin
Salz
50 ml roter Portwein
50 ml Marsala-Wein
2–3 Pimentkörner
etwas glutenfreies Mehl
   oder Xanthan, zum Binden
etwas eingemachte Preiselbeeren,
   zum Verfeinern

ZUBEREITUNG

Die Rehknochen im Sonnenblumenöl goldbraun
rösten. Das grob gewürfelte Suppengemüse zugeben
und ebenfalls anrösten. Dann das Tomatenmark
zufügen und kurz anrösten. Alles mit etwas Rotwein
ablöschen und vollkommen einkochen, bis alles
erneut zu rösten beginnt. Auf diese Weise den ganzen
Rotwein verbrauchen. Anschließend mit kaltem
Gemüsefond auffüllen und langsam aufkochen.

Den Fond 1 Stunde köcheln lassen. Danach die Gewürze und etwas Salz zufügen und weitere 30 Minuten
köcheln lassen. Den Rehfond durch ein feines Sieb
gießen.

Den Rehfond mit dem Portwein, dem Marsala-Wein
und den Pimentkörnern aufkochen und etwas einköcheln, bis der gewünschte Geschmack erreicht ist.
Danach die Pimentkörner entfernen und die Jus mit
etwas in kaltem Wasser angerührtem glutenfreiem
Mehl oder mit Xanthan leicht binden. Zum Schluss
mit Salz abschmecken.

Die Rehjus bis zur Verwendung kalt stellen. Vor dem
Gebrauch erhitzen und mit eingemachten Preiselbeeren
verfeinern.

TIPP

Für eine Lammjus den Fond mit Lammknochen ansetzen und den Piment sowie auch die Preiselbeeren
weglassen.

SELLERIEPÜREE

FÜR DAS SELLERIEPÜREE
200 g Knollensellerie, geschält
200 ml Obers
50 g Butter
Salz
frisch geriebene Muskatnuss

ZUBEREITUNG

Für das Selleriepüree den geschälten Knollensellerie klein schneiden und zusammen mit dem Obers, der Butter, etwas Salz und frisch geriebener Muskatnuss aufkochen. Alles zusammen zugedeckt so lange köcheln lassen, bis der Sellerie sehr weich ist. Den Topfinhalt fein pürieren und mit Salz abschmecken.

SEMMELFÜLLUNG

FÜR DIE SEMMELFÜLLUNG
300 g Knödelbrot
350 ml Milch
70 g Zwiebeln, fein gewürfelt
90 g Butter
3 Eier
Salz
Pfeffer
frisch geriebene Muskatnuss

ZUBEREITUNG

Das Knödelbrot mit der Milch übergießen und einige Minuten einweichen lassen.

Die Zwiebeln in etwas Butter glasig schwitzen und zugeben. Die Eier zufügen und mit Salz, Pfeffer und frisch geriebener Muskatnuss würzen. Alles vermengen und zum Schluss die restliche flüssige Butter untermengen.

TIPP
Ein Rezept zur Verwendung der Semmelfüllung steht auf Seite 122: *Gefülltes Stubenküken, Rahm-Eierschwammerl.*

SEMMELKNÖDEL

FÜR DIE SEMMELKNÖDEL
250 g Knödelbrot
250 ml Milch
70 g Zwiebeln, geschält
45 g Butter
3 Eier
Salz
Pfeffer
Muskatnuss, frisch gerieben

ZUBEREITUNG

Die Milch über das Knödelbrot gießen und einige
Minuten ziehen lassen. Die Zwiebeln sehr fein würfeln,
in der Butter anschwitzen und mit den Eiern zugeben.
Die Masse mit Salz, Pfeffer und frisch geriebener
Muskatnuss würzen und gut vermengen. Mit nassen
Händen etwa 70 g schwere Knödel formen und in reich-
lich Salzwasser etwa 10 Minuten gar ziehen lassen.

SERVIETTEN-
KNÖDEL

FÜR DIE SERVIETTENKNÖDEL
Semmelfüllung
   (siehe Grundrezept auf Seite 239)
etwas Butter, zum Anbraten

ZUBEREITUNG

Für die Serviettenknödel die Knödelmasse längs auf
eine Stoffserviette oder auf ein Geschirrtuch geben
und aufrollen. Die Enden mit einem Küchengarn
straff verknoten. Die Knödelrolle in leicht siedendes
Salzwasser legen und 45 Minuten garen oder in einem
Dampfgarer 45 Minuten dämpfen.

Die Serviettenknödel-Rolle vor dem Anrichten in
dicke Scheiben schneiden und beidseitig in etwas Butter
bräunen.

TIPP
Gebratene Serviettenknödel passen wunderbar zu
Wildragout (siehe Rezept auf Seite 140).

ZWETSCHKEN-RÖSTER

FÜR DEN ZWETSCHKENRÖSTER

400 g frische Zwetschken oder TK-Produkt, entsteint
100 g Gelierzucker (3:1)
80 ml Rotwein
1 unbehandelte Zitrone
1 unbehandelte Orange
Gewürzsäckchen (½ Sternanis, 2 Gewürznelken)
1 Msp. gemahlener Zimt
etwas Vanillezucker, zum Verfeinern

ZUBEREITUNG

Für den Zwetschkenröster die halbierten Zwetschken
mit dem Gelierzucker und dem Rotwein vermischen.
Die Schale der Zitrone und der Orange fein abreiben
und den Saft auspressen. Beides zugeben. Ein Gewürzsäckchen mit Sternanis und Gewürznelken sowie
den gemahlenen Zimt zufügen. Alles zusammen etwa
20 Minuten sanft köcheln lassen. Zum Schluss mit
Vanillezucker verfeinern.

Den Zwetschkenröster abkühlen lassen oder noch
warm servieren.

TIPP
Den Zwetschkenröster für eine längere Haltbarkeit
in Gläser füllen und im Kühlschrank verwahren.

ZWIEBELPASTE

FÜR DIE ZWIEBELPASTE

100 g Zwiebeln, fein gewürfelt
100 g Butter

ZUBEREITUNG

Für die Zwiebelpaste die Zwiebeln und die Butter in
einen kleinen Topf geben und langsam erhitzen. Dann
20 Minuten leicht köcheln lassen, bis eine Paste entsteht. Danach in ein Glas füllen und verschlossen im
Kühlschrank lagern.

REZEPTVERZEICHNIS

ZUTATENVERZEICHNIS

Jeder Gast soll sich wohlfühlen beim *Fischerwirt:*
Ein harmonisch eingedeckter Tisch und das Achten auf Details
sind die Basis für einen genussvollen Abend.

Petra und Klaus Fleischhaker betrieben von 1991 bis 2009
das *Pfefferschiff* in Söllheim, eines der besten Restaurants Österreichs.

GRUSS AN DIE KÜCHE

VON HUMOR, HERZBLUT UND HINGABE

Liebe Andrea, lieber Harald!

Wenn wir an Haralds allerersten Tag im *Pfefferschiff* zurückdenken, müssen wir ein wenig schmunzeln. Wir erinnern uns, als wäre es gestern gewesen. Es war früh am Morgen, die Küche war eiskalt – damals gab es dort noch keine Heizung –, und als wir um 7.30 Uhr hineinkamen, stand Harald schon da: Schweißperlen auf der Stirn, hoch motiviert und sichtlich nervös, aber bereit, sich zu beweisen.

Über vier Jahre lang war Harald Teil des *Pfefferschiff*-Teams, und wir hätten uns keinen Besseren wünschen können. Egal wie hektisch es wurde, Harald hat nie seinen Humor verloren. Mit seiner Leidenschaft, seiner Akribie und seiner Fähigkeit, andere mitzureißen, war er eine tragende Säule in unserer Küche.

Was uns besonders im Gedächtnis bleibt, ist sein Lachen – dieses laute, ansteckende Lachen, das die gesamte Küche und manchmal auch die Gasträume erfüllte. Je nach Veranstaltung war das vielleicht nicht immer ganz so optimal – aber so war Harald: lebensfroh, herzlich und voller Freude am Kochen.

Harald, du warst nicht nur ein talentierter Koch, sondern hast verstanden, dass ein Koch auch ein Künstler sein muss. Deine Wissbegierde, dein Enthusiasmus und deine Konzentration waren schon damals beeindruckend. Und ja, für einen Scherz warst du auch immer zu haben – mittendrin, wenn es darum ging, die Stimmung aufzuhellen.

Heute macht es uns glücklich, zu sehen, was ihr gemeinsam aufgebaut habt. Aus eigener Erfahrung wissen wir, wie wichtig es ist, in der Gastronomie als Team zu arbeiten. Ihr beide zeigt, wie stark man zusammen sein kann, wenn man am gleichen Strang zieht. Diese Stärke ist euer Erfolgsrezept – und das sieht man in jedem Detail.

Was wir euch wünschen? Vor allem Gesundheit, treue Gäste, die eure Küche schätzen, und die Energie, weiterhin mit so viel Herzblut zu arbeiten. Aber bei euch beiden machen wir uns da keine Sorgen – ihr habt alles, was es braucht, um noch viele Jahre erfolgreich und glücklich zu sein.

Mit ganz herzlichen Grüßen und den besten Wünschen
Petra und Klaus Fleischhaker

Christian Fürstaller feierte als Fußballer große Erfolge mit Austria
Salzburg (Meister 1994 und 1995, UEFA-Cup-Finale 1994).
Schon während seiner aktiven Karriere arbeitete er beim damaligen
Sponsor Rudi Quehenberger in der Spedition, seit 2009 ist er CEO
und Miteigentümer der Augustin Quehenberger Group.

GRUSS AN DIE KÜCHE

EIN MAGISCHER ORT

Manche Orte sind mehr als nur Lokale, sie sind kleine Paralleluniversen, in denen die Zeit ein bisschen anders tickt. Für mich ist der *Fischerwirt* so ein Ort – mein zweites Zuhause, manchmal auch mein Büro, oft meine Rückzugsoase. Unsere Beziehung – also jene zwischen der Familie Huber und mir – begann ganz klassisch: mit meiner Hochzeit im Jahr 2013 im *Gwandhaus*, das sie damals geführt haben. Und als sie wenig später die Pacht im *Fischerwirt* übernommen haben, bin ich mitgegangen. So einfach, so gut.

Natürlich könnte man sagen, es lag am Essen. Und ja, das Essen ist Weltklasse. Ob bodenständige Klassiker oder Haute Cuisine – Harald hat ein Talent für die perfekte Balance. Die Hummerschaumsuppe? Himmlisch. Die Trüffelnudeln? Eine Offenbarung. Und das getrüffelte Huhn? Mein absoluter Favorit. Aber es ist mehr als das. Es ist die Flexibilität, mit der Harald auf Sonderwünsche eingeht, die ständige Abwechslung auf der Karte, die Qualität, die nie nachlässt.

Aber seien wir ehrlich: Ein Restaurant lebt nicht nur von der Küche, sondern auch von der Hingabe der Menschen, die es führen. Und hier ist – verzeih bitte, lieber Harald – Andrea unschlagbar. Eine Vollblutwirtin wie aus dem Bilderbuch – herzlich, umsichtig und mit einer Energie, die das gesamte Team antreibt. Neue Mitarbeiter wissen schon am ersten Tag, was der Gast will (in meinem Fall ist das übrigens meistens ein Pfiff kaltes Bier, und das sofort). Und wenn die Mitarbeiter gemeinsam essen, klingt das manchmal wie ein Mannschaftsjubel – laut, herzlich und voller Leben.

Apropos Mannschaft: Der *Fischerwirt* funktioniert ein bisschen wie ein gutes Fußballteam. Jede erfolgreiche Mannschaft braucht klare Hierarchien und Spieler, die den Ton angeben. Andrea und Harald sind das Dream-Team, das alle an einem Strang ziehen lässt – von den kreativen Köpfen in der Küche bis zu den fleißigen Händen im Service. Und genau wie auf dem Spielfeld ist es die Harmonie im Hintergrund, die das ganze Team glänzen lässt.

Der *Fischerwirt* ist für mich ein Ort, an dem ich nicht nur Stammgast, sondern auch Teil einer Familie bin. Es gibt kaum eine Woche ohne einen Besuch; es sei denn, ich bin auf Urlaub. Ob für Arbeitsmeetings, Geburtstagsfeiern oder einfach nur, um in der Greißlerei – »meinem« Zimmer – ein bisschen Ruhe zu finden. Dort ist alles perfekt: der Garten vor der Tür, die intime Atmosphäre und die Möglichkeit, ungestört zu arbeiten oder geschäftliche Gespräche zu führen.

Was ich euch wünsche, liebe Andrea, lieber Harald? Dass alles so bleibt, wie es ist! Denn so, wie ihr den *Fischerwirt* führt, ist er mehr als nur ein Restaurant – er ist ein kleines Paradies. Auf viele weitere gemeinsame Jahre!

Euer treuer Gast und Freund
Christian Fürstaller

WIR SAGEN DANKE!

Dieses Kochbuch ist nicht allein unser Werk. Vielmehr wurde es in den letzten Wochen und Monaten durch das Engagement vieler Menschen zu dem, was es nun ist. Sie alle haben mit ihrer Zeit, Leidenschaft und ihrem Herzblut dazu beigetragen, dieses Projekt zu verwirklichen. Wir möchten uns aus tiefstem Herzen bei jedem Einzelnen bedanken. Ohne euch wäre dieser Traum nicht Wirklichkeit geworden.

Unser Dank gilt im Besonderen (in alphabetischer Reihenfolge):

Tobias Berger, der rechten Hand in der Küche. Mit deiner unerschütterlichen Geduld, Spontaneität und professionellen Arbeitseinstellung warst du ein unverzichtbarer Teil dieses Projekts. Und bist es Tag für Tag im Betrieb.

Christoph Hartinger für deine exzellente Weinauswahl und Beratung, die nicht nur die kulinarischen Erlebnisse dieses Buches perfekt abgerundet hat.

Ursula Haslauer, der ehemaligen Herausgeberin von »Falstaff Deutschland« und »Gault&Millau Deutschland«, Nachbarin und längst einer guten Freundin, die uns mit ihrem finalen Anstoß und ihrer engagierten Vermarktung auf die Zielgerade gebracht hat.

Madeleine Kainz für die detaillierte und kreative Ausarbeitung der Patisserie-Geschichten, die diesem Buch eine süße Note verliehen haben.

Helge und Patrick Kirchberger, deren perfekte Fotos dieses Buch erstrahlen lassen und auch zu einem visuellen Genuss machen.

Uschi Macher, deren professionelle Texte und inhaltsreiche Ideen dieses Buch auf ein neues Niveau gehoben haben. Deine Kreativität und Sorgfalt waren eine Bereicherung.

Max Pacher, unserem Souschef, für die Präzision und Leidenschaft bei der Rezeptausarbeitung. Deine Arbeit hat unsere Ideen erst in die Praxis umgesetzt.

Der gesamten Küchencrew, die uns unermüdlich unterstützt hat. Ihre Hingabe und Teamarbeit waren essenziell für den Erfolg dieses Projekts.

Dem Team des Benevento Verlags, allen voran *Christoph Loidl* und *Gerlinde Tiefenbrunner,* deren professionelle und stets angenehme Zusammenarbeit dieses Buch zu einem wunderbaren Abschluss gebracht hat.

Den Sponsoren des Buches, Sabine und Raimund Döllerer (Weinhaus Döllerer), Christian Fürstaller (Quehenberger Logistik), Wolfgang Hillebrand (Hillebrand Bau), Hofbräuhaus Traunstein, Birgit, Georg und Florian Marchl (Wohndesign Marchl), Franz Moser (Rist) und Marco Sillaber (Modul Art). Eure Unterstützung hat dieses Vorhaben erst möglich gemacht.

1. Auflage
© 2025 Servus Verlag bei Benevento Publishing Salzburg –
Wien, einer Marke der Red Bull Media House GmbH,
Wals bei Salzburg

Medieninhaber, Verleger und Herausgeber:
Red Bull Media House GmbH
Oberst-Lepperdinger-Straße 11–15
5071 Wals bei Salzburg, Österreich
info@at.redbullmediahouse.com

Gesetzt aus Dante Pro, Snell Roundhand

Gedruckt von Neografia in der Slowakei
ISBN: 978-3-7104-0388-0

TEXT
Ursula Macher

REDAKTION REZEPTE
Irmi Rumberger

FOTOGRAFIE
Helge und Patrick Kirchberger

WEITERE BILDER
S. 11: © privat Andrea und Harald Huber
S. 188/189: © Adobe Stock /
Brian, generiert mit KI

UMSCHLAG, LAYOUT UND SATZ
Isabel Neudhart-Haitzinger

BILDREDAKTION
Martin Kreil

KORREKTORAT
Monika Hasleder, Petra Hannert

LITHOGRAFIE
Josef Mühlbacher

PROJEKTLEITUNG
Christoph Loidl

PROJEKTMANAGEMENT
Gerlinde Tiefenbrunner